Bauernkind

Ostdeutsche
Erinnerungen
aus
acht
Jahrzehnten

Werner Sziegoleit

Bauernkind

Ostdeutsche

Erinnerungen

aus

acht

Jahrzehnten

Bibliografische Information der Deutschen
Nationalbibliothek: Die Deutsche Nationalbibliothek
verzeichnet diese Publikation in der Deutschen
Nationalbibliografie, detaillierte bibliografische Daten sind
im Internet über http://dnb.dnb.de abrufbar.

© 2019 Werner Sziegoleit
Fotos: Privat
Herstellung und Verlag:
BoD – Books on Demand, Norderstedt

ISBN: 9783748182948

Für Ursula

Inhalt

1
Die bäuerliche Herkunft

Der Begriff Bauernkind ist schon alt. Man benutzt ihn vermutlich, seit es Bauern gibt. Die Kinder der Bauern waren von jeher willkommene Arbeitskräfte in der Landwirtschaft. Von klein auf halfen sie den Eltern bei der Arbeit im Stall, im Garten und auf dem Feld. Um die Bauernkinder davon abzuhalten, dem Landleben den Rücken zu kehren, soll Friedrich der Große verfügt haben, ihnen nur das Nötigste in Preußens Dorfschulen beizubringen. Sprösslinge des Landadels standen sozial höher und zählten in der Regel nicht zu den Bauernkindern. In der englischen Sprache bedeutet deshalb der Ausdruck *peasant child*, der dem deutschen Wort Bauernkind entspricht, genau genommen *armes Bauernkind* oder *Kind armer Bauern*.

Jahrzehntelang hat das Gesellschaftssystem, das nach dem Zweiten Weltkrieg in Ostdeutschland entstand, die Bezeichnung Bauernkind weltanschaulich vereinnahmt. Wer in der Sowjetischen Besatzungszone Deutschlands und anschließend in der Deutschen Demokratischen Republik lebte, kennt die Begriffe Arbeiterkind und Bauernkind zur Genüge. Die sozialistische Doktrin sah in „der Arbeiterklasse und den mit ihr verbündeten Bauern" die treibenden gesellschaftlichen Kräfte. Man sprach vom Arbeiter- und Bauernstaat. Da verwundert es schon ein wenig, dass die Worte Arbeiterkind und Bauernkind in der Duden-Ausgabe der Deutschen Demokratischen Republik nicht vorkamen. Das Wort Arbeiterkind steht im aktuellen gesamtdeutschen Duden, das Wort Bauernkind jedoch nicht.

Aus ideologischer Sicht mutete es folgerichtig an, die Kinder von Arbeitern und Bauern gezielt zu fördern. Möglichst viele Arbeiter- und Bauernkinder sollten Zugang zu höherer Bildung bekommen, damit sie später, ihrer gesellschaftlichen Rolle entsprechend, die maßgeblichen Leistungsträger stellen konnten. An einigen Hochschulen entstanden sogenannte Arbeiter- und Bauernfakultäten, an denen man das Abitur und damit die Hochschulreife nachholen konnte. Die Söhne und Töchter von Arbeitern und Bauern hatten einzig und allein aufgrund ihrer Herkunft erhöhte Bildungschancen. Bauernkinder profitierten zusätzlich davon, dass ihre Fraktion meistens schwach besetzt war. Zuweilen hatte man sogar den Eindruck, dass Verantwortliche in Bildungseinrichtungen froh waren, wenn sie überhaupt Bauernkinder vorweisen konnten.

Ich wurde 1936 in Ostpreußen geboren. Da war der nationalsozialistische Diktator Adolf Hitler bereits drei Jahre lang in Deutschland an der Macht. Der verhängnisvolle Zweite Weltkrieg, den Hitler und seine Gefolgsleute 1939 anzettelten, bestimmte ganz wesentlich meine Kindheit und bewirkte, dass ich im Alter von acht Jahren aus meiner Heimatregion fliehen musste. Ich landete im Westen des östlichen Teils Deutschlands, der bis Kriegsende noch erheblich an Fläche verlor. Im Unterschied zur Mehrzahl der Flüchtlinge, die aus den früheren deutschen Ostgebieten stammten, blieb meine Familie nach dem Krieg in Ostdeutschland. Nacheinander erlebte ich hier die Agonie des nationalsozialistischen Regimes, die vorübergehende amerikanische Militärverwaltung sowie, jeweils von Anfang bis Ende, die Sowjetische Besatzungszone Deutschlands und die Deutsche Demokratische Republik. Auch nach dem Fall der Berliner Mauer und nach der deutschen Wiedervereinigung, die 1990 glücklicherweise gelang, zog ich nicht weg aus Ostdeutschland.

Nach dem Ende des Zweiten Weltkrieges, also ab 1945, hatte ich dank Geburt den Vorteil, zu den vom Regime begünstigten Bauernkindern zu gehören. Mein Vater hatte in jungen Jahren eine qualifizierte Ausbildung zum Landwirt genossen und diesen Beruf lange Zeit ausgeübt. Im Zuge der Bodenreform, die in Ostdeutschland vonstattenging, übernahmen meine Eltern eine Neubauernstelle als neue Existenzgrundlage. Aus den Neubauern wurden letztlich Genossenschaftsbauern, als meine Eltern nach jahrelanger Weigerung doch einer Landwirtschaftlichen Produktionsgenossenschaft beitraten. Die Tätigkeit meiner Eltern in der Landwirtschaft nach dem Krieg festigte zweifellos meinen Status als Bauernkind. Ich gehe davon aus, dass es mir in Ausbildung und Beruf zugutekam, ein Bauernkind zu sein. Dabei ist anzumerken, dass meiner Wahrnehmung nach die Bauernkinder und Arbeiterkinder, die Bevorzugungen erfuhren, keineswegs geringere Leistungsanforderungen zu erfüllen hatten als diejenigen, die nicht zu diesen Personengruppen gehörten.

Meine Erinnerungen eines Bauernkindes beschreiben

persönliche Lebensumstände und Erfahrungen in Ostdeutschland über einen Zeitraum von mehr als acht Jahrzehnten. In den Lebenserinnerungen, die überwiegend thematisch gegliedert sind, spiegelt sich zugleich ein beachtliches Stück deutscher Geschichte. Wer zu jener Zeit im Osten Deutschlands wohnte, mag auf Episoden stoßen, die er in gleicher oder ähnlicher Weise selbst erlebte. Wer Ostdeutschland ausschließlich vom Hörensagen kennt, hat Gelegenheit, mancherlei authentische Einblicke in ostdeutsche Lebensverhältnisse im Laufe verschiedener gesellschaftlicher Systeme zu gewinnen.

In die Lebenserinnerungen sind Informationen aus persönlichen Unterlagen und familiären Überlieferungen eingeflossen. Geschichtliche Angaben wurden zum Teil mit verlässlichen Daten aus dem Internet abgeglichen.

2
Der Abschied

Es war ein sonniger Tag im August 1944, als ich, acht Jahre alt, unser Haus in einer Kreisstadt in Ostpreußen verließ. Unsere kleine Reisegruppe machte sich auf, mit der Eisenbahn nach Westen zu fahren, „ins Reich", wie man damals in Ostpreußen sagte. Das Ziel war ein Bauernhof in einem Dorf im östlichen Brandenburg, wo mein Großvater Georg herstammte. Meine Großeltern Georg und Berta hatte es schon im Ersten Weltkrieg dorthin verschlagen. Zu jener Zeit dauerte ihre Flucht nicht allzu lange. Sie konnten bald in ihr Zuhause zurückkehren, das sie im Grunde unbehelligt vorfanden. Nun hofften wir abermals, in naher Zukunft heimreisen zu können. Rückblickend ist es nicht nachzuvollziehen, dass wir seinerzeit, gewissermaßen „kurz vor Zwölf", die militärische und politische Lage Ostpreußens so falsch einschätzten, übrigens wie der Großteil der Bevölkerung.

Zu unserer Reisegruppe gehörten außer mir meine Mutter Ella, mein Bruder Winfried, meine Tante Ruth und ihre Tochter Brigitte und meine Großmutter Berta. Ella war 36, Winfried 4, Ruth 30, Brigitte 2 und Berta 58 Jahre alt. Ella und Ruth, Bertas Töchter, waren beide schwanger. Ruth hielt sich erst seit kurzem wieder in ihrer ostpreußischen Heimatstadt auf. Sie wollte den Luftangriffen entgehen, die sich im Nordwesten Deutschlands, wo sie mittlerweile wohnte, bedrohlich häuften. Mein Großvater Georg, Vater meiner Mutter und 64 Jahre alt, blieb vorerst zu Hause. Mein Vater Walter, 44 Jahre alt, steckte irgendwo an der Ostfront als Soldat.

Wenn ich mich richtig erinnere, fand ich die Abreise etwas überstürzt. Vorher hatte niemand mit mir darüber gesprochen. Es war wohl so, dass man Kinder in jenen Tagen weniger als heute in familiäre Diskussionen einbezog. Ich fühlte mich ganz und gar nicht unsicher in meiner Heimatstadt. Dass wir uns im Krieg befanden, war mir schon klar. Ich bemerkte es daran, dass ich meinen Vater nur als Fronturlauber und nur in Militäruniform kannte, dass in der Stadt häufig Soldaten und militärische Fahrzeuge und Gerätschaften zu sehen waren und dass bei Sonnenuntergang eine Verdunkelung angesagt war. Die eigentlichen Kriegshandlungen schienen jedoch weit weg zu sein.

Es sind im Wesentlichen zwei mutmaßliche Gründe zu nennen, die zu der raschen Abreise führten. Erstrangig war, dass sich die Sicherheitslage wenige Tage zuvor quasi über Nacht außerordentlich verschlechtert hatte. Zum ersten Mal hatte die sowjetische Armee unsere Stadt aus der Luft angegriffen. In dieser Nacht gingen viele Gebäude zu Bruch. Viele Menschen verloren ihr Leben. Wir hatten großes Glück. Unser Haus und das Haus meiner Großeltern blieben verschont. Während des Bombardements harrten wir im Keller unseres Hauses aus, der unerfreulicherweise bis dahin nur eingeschränkt luftschutztauglich war. Vollkommen verängstigt konnten wir nur hoffen, keinen Bombeneinschlag abzubekommen. Erstmals und ganz unmittelbar lernten wir die Schrecken des Krieges kennen. Der zweite Grund für unsere eilige Abreise hing mit dem erstgenannten zusammen. Wegen der neuen Gefährdungslage war es meiner Mutter und meiner Tante nicht mehr zuzumuten, in der nun zerbombten Stadt zu entbinden.

Wie bei einer gewöhnlichen Bahnfahrt reisten wir lediglich mit Handgepäck. Wir hatten nur das Nötigste zum Anziehen mitgenommen, daneben auch wichtige Dokumente und andere persönliche Unterlagen. Großvater Georg, bis zuletzt zu Hause, schickte, wie verabredet, größere Mengen an Kleidung und Hausrat hinterher. Als Besitzer einer Drogerie verfügte er über genügend Material zum Verpacken. Während die Erwachsenen die Hoffnung nicht aufgaben, in absehbarer Zeit in unsere Heimatstadt zurückkehren zu können, war der Abschied in meinen kindlichen Vorstellungen endgültig. Ich weiß noch genau, wie ich mich beim Verlassen der Wohnung von charakteristischen Einrichtungsgegenständen verabschiedet hatte und wie ich ihnen nachtrauerte. Zum Beispiel waren da das Klavier, auf dem meine Mutter gekonnt spielte, oft auch abends für uns Kinder vor dem Schlafengehen, und der bildschöne Kachelofen, der im Winter wohlige Wärme ausstrahlte.

Unsere Reise verlief ohne Komplikationen, da die Infrastruktur der Eisenbahn noch funktionierte. Die Zugverspätungen hielten sich in Grenzen. Bis Oktober 1944 kam man mühelos mit der Bahn aus Ostpreußen heraus. Erst am 1. Dezember 1944 wurde in meiner Heimatstadt der öffentliche Dienst eingestellt.

Mein Wissen über Ostpreußen, das ich bis zum achten Lebensjahr erworben hatte, war nicht sehr umfangreich.

Ich kannte nur das, was ich selbst gesehen, in der Familie mitbekommen oder von Bekannten erfahren hatte. In den Schuljahren eins und zwei, die ich in meiner Heimatstadt absolvierte, erfuhr ich auch nicht allzu viel über die Region Ostpreußen. Es vergingen noch viele Jahre, bis ich mich über das Land meiner Väter eingehend informieren konnte.

3
Das Grundstück

Mein Vater hatte 1934 ein bebautes Grundstück in meiner ostpreußischen Heimatstadt gekauft, das ungefähr 1.500 Quadratmeter groß war. Die Fläche des Anwesens hatte in etwa die Form eines rechtwinkligen Dreiecks, dessen zwei spitze Winkel ein wenig gestutzt waren. Das Grundstück stellte eine Verkehrsinsel dar, umzingelt von drei Straßen. Im rechten Winkel des Dreiecks stand das Wohnhaus, ein Mehrfamilienhaus, größtenteils mit wildem Wein berankt. Unsere Familie bewohnte das halbe Erdgeschoss. Die anderen Wohnungen waren vermietet. Ein etwa 15 Meter langer Laubengang, eine Rarität, führte quer durch das Grundstück zum Haupteingang des Wohnhauses. Auf der gewölbten Lattenkonstruktion wuchs wilder Wein wie an dem Wohnhaus. Der Laubengang trennte den Hof vom Garten. Auf der Seite des Hofes, die dem Laubengang gegenüber lag, befanden sich mehrere Wirtschaftsgebäude. Trotz Umbau erinnerten sie an die landwirtschaftliche Nutzung des Grundstücks durch den Vorbesitzer.

Der Garten nahm weniger als ein Viertel der Fläche des Grundstückes ein. Wir Kinder liebten ihn. Aus unserer Wohnung ging es über eine hölzerne Veranda, die an das Wohnhaus angebaut war, direkt in den Garten. Ein befestigter Weg führte zum Gartentor nahe der Haustür. Neben der Veranda lud ein großer Sandkasten zum Spielen ein. In Hausnähe wuchsen Blumen und ein Mandelbäumchen, das alljährlich prächtig blühte. Durch die Lücken im Lattenzaun, der den Garten zu zwei Straßen hin begrenzte, nahm man mit Einschränkungen am Straßenleben teil. Auf der größeren der beiden Straßen befand sich ein Kleinbahngleis. Ab und zu fuhr ein Zug der Kleinbahn vorbei, mal in der einen Richtung, mal in der anderen. Er bestand aus einer schnaufenden Dampflokomotive, mehreren Personenwaggons mit Reisenden, die man an den Waggonfenstern sah, und mehreren beladenen Güterwaggons. Ihn zu beobachten, war für uns Kinder immer ein besonderes Ereignis. Wenn sich ein Zug näherte, erkannten wir das an der typischen Bimmel. Die vorübergehende Belästigung durch den Dampf der Lokomotive und durch die Fahrgeräusche störte uns Kinder überhaupt nicht.

Nicht weit vom Zaun entfernt standen mehrere hohe Bäume und einige Ziersträucher, darunter Jasminsträucher, deren Blüten angenehm dufteten. Den Rest des Gartens füllte Rasen aus, der bewusst nicht übermäßig gepflegt war. Bei schönem Wetter trafen wir uns als Familie oder mit Gästen zum Kaffeetrinken im Garten. Die Gartentische und Gartenstühle, die man dafür brauchte, verwahrten wir griffbereit in der Veranda. Zum letzten Mal kamen wir nur wenige Tage vor unserer fluchtartigen Abreise im Garten zusammen.

Im Erdgeschoss unseres Wohnhauses befand sich ursprünglich nur eine einzige große Wohnung, die bereits 1935 in zwei kleinere Wohnungen geteilt wurde. Die Umbauarbeiten plante und erledigte Vaters Bruder Max, der ortsansässiger Bauunternehmer war. Nach dem Umbau verfügte unsere Wohnung über ein großes Wohnzimmer, ein großes Schlafzimmer, ein kleineres Arbeitszimmer, eine Kammer, eine Küche, einen Flur und ein Bad mit Toilette. Durch das Schlafzimmer erreichte man die Veranda und den Garten.

In dieser Wohnung kam ich im Mai 1936 zur Welt, bezogen auf den medizinisch geplanten Geburtstermin einen Monat zu früh. Wie damals üblich, handelte es sich um eine Hausgeburt, die von einer Hebamme geleitet wurde. Mein Vater war von Beruf Landwirt. Als ich geboren wurde, lebte er nicht mehr auf dem Land. Er betätigte sich als Fuhrunternehmer. Meine Mutter war von Beruf Gewerbelehrerin. Von 1935 bis 1942 ruhte Ihre pädagogische Tätigkeit auf eigenen Wunsch. Zur Zeit meiner Geburt interessierte es keinen Menschen, ob das Neugeborene ein Bauernkind war oder nicht. Niemand konnte voraussehen, dass es einmal von Bedeutung sein würde, ob der Vater oder die Mutter oder beide Elternteile der Bauernschaft angehörten.

Auskünfte über die ersten Lebensjahre eines Kindes geben in der Regel die älteren Verwandten. Ich erfuhr, dass man mich als Baby manchmal im Kinderwagen in den Garten schob, wenn ich mich etwas zu laut äußerte. Meine Eltern hatten womöglich beim Erstgeborenen noch zu wenig Erfahrung darin, Kleinkinder zu beruhigen. Alte Fotografien zeigen mich als Dreijährigen mit der Familie und anderen Verwandten am Strand der Ostsee, die von zu Hause gar nicht so weit entfernt war. Man kann es heute kaum glauben, dass diese Reise der einzige Familienurlaub blieb, den sich meine Eltern je leisten konnten. Bald darauf, im Oktober 1939, kam mein Bruder Winfried in derselben Wohnung wie ich zur Welt. Im Gegensatz zu mir hielt er sich ziemlich genau an den errechneten Geburtstermin. Nun waren wir schon zwei Bauernkinder.

Im September 1942 kam ich, mittlerweile sechs Jahre alt, in die Schule. An die ersten beiden Schuljahre, die ich in meiner ostpreußischen Heimatstadt durchlief, kann ich mich noch recht gut erinnern. Die Einschulung spielte sich vollkommen unaufgeregt ab, weil Zuckertüten mit vielen Geschenken und einschlägige familiäre Feiern noch nicht üblich waren. In der ersten Klasse ging ich in eine Schule, die in unmittelbarer Nachbarschaft unseres Hauses lag. Auf meinem Schulweg hatte ich nur eine wenig belebte Straße zu überqueren. In der zweiten Klasse war der Schulweg erheblich länger, aber noch gut zu Fuß zu schaffen. Wie alle meine Mitschüler wurde ich Pimpf, das heißt Mitglied des Deutschen Jungvolks, der nationalsozialistischen Kinderorganisation, die heute kaum noch jemand kennt und die in der Funktionsweise der Pionierorganisation in der späteren Deutschen Demokratischen Republik auffallend ähnelte. Ob die Eltern dem Beitritt zustimmen mussten, weiß ich nicht mehr genau. Da sich das Ende des Naziregimes bereits abzeichnete, war vielen Eltern die Zustimmung sicherlich auch egal. Der Begriff Pimpf, den man aus Österreich übernommen hatte, bedeutete soviel wie Junge.

4
Die Drogerie

Mein Großvater Georg, Vater meiner Mutter Ella, war 1880 im östlichen Brandenburg geboren worden. Als jüngstes von fünf Kindern blieb er nicht auf dem elterlichen Bauernhof, den traditionell der älteste Sohn übernahm. Georg erlernte den Beruf eines Drogisten, arbeitete in verschiedenen deutschen Städten und kam schließlich ins entlegene Ostpreußen. Dort begegnete er meiner Großmutter Berta, die Waise war und sich in Ausbildung zur Näherin befand. Georg und Berta heirateten 1907, als Berta 21 Jahre alt war.

In meiner Heimatstadt schuf sich Georg eine einträgliche Existenzgrundlage. Berta brachte ein stattliches Eckhaus in die Ehe ein, das eigentlich aus mehreren Häusern bestand. Darin eröffnete Georg eine größere Drogerie. Das Geschäft lief offenbar recht gut. Ein damals veröffentlichtes Geschäftsinserat besagt, dass auch „Farben, Parfümerien und Toilettenartikel" im Angebot waren. Im Laufe der Jahre modernisierte Georg mehrmals die Inneneinrichtung der Drogerie. Noch vor meiner Zeit kam ein angrenzendes Fotogeschäft hinzu, das einen separaten Eingang hatte. In diesem „Spezial-Geschäft des Foto-Amateurs", wie mein Großvater es nannte, gab es alles, was man damals zum Fotografieren brauchte. Als Dienstleistung bot mein Großvater an, fotografische Platten und Filme zu entwickeln und zu kopieren. Aus überlieferten Geschäftsunterlagen geht hervor, dass die fertigen Fotoarbeiten spätestens am nächsten Tag abholbereit waren.

Immer wenn ich die Drogerie aufsuchte, beeindruckten mich die dort befindlichen Regale, die aus der Perspektive eines Kindes sehr hoch erschienen. Sie enthielten sehr viele Flaschen und Gläser, die sorgfältig beschriftet waren, und auch allerlei buntbedruckte Packungen. Aufregend fand ich ebenso die zahlreichen Auslagen und Reklametafeln, die ich im Geschäft und in den Schaufenstern antraf. Mein Interesse dafür nahm noch zu, als ich dann lesen konnte. Bei meinen ersten Besuchen in der Drogerie benötigte ich mangels ausreichender Körpergröße ein Fußbänkchen, um über die Verkaufstische blicken zu können. Zum Fotogeschäft, das der Drogerie angegliedert war, gehörte natürlich auch eine Dunkelkammer, in der mir das rote Licht sehr imponierte. Ab und zu durfte ich dabei helfen, die weißen Ränder der Papierabzüge von Fotografien mit einem speziellen Gerät zu beschneiden.

Kindern war es nur in Begleitung Erwachsener gestattet, den Lagerraum hinter der Drogerie zu betreten. Dort führte eine gusseiserne Wendeltreppe in die Wohnung der Großeltern im ersten Obergeschoss. Kinder sollten diese enge Treppe nur im Beisein von Erwachsenen benutzen, da doch eine gewisse Absturzgefahr gegeben war. Oma Berta öffnete für gewöhnlich mittags die obere Tür zur Wendeltreppe und rief mit lauter Stimme hinunter: „Georg, das Essen ist fertig!". In den Hof des Geschäfts- und Wohngrundstücks gelangte man über das Treppenhaus oder durch eine Toreinfahrt. Auf dem Hof beobachtete ich gern zwei gewerbliche Mieter. Der eine betrieb eine Korbflechterei und der andere eine Limonadenproduktion.

Die vier Kinder von Georg und Berta hießen Ella, Günter, Ruth und Siegfried, geboren 1908, 1911, 1914 und 1916. Ella wurde Gewerbelehrerin. Günter wurde Ingenieur. Ruth erlernte keinen Beruf. Siegfried, ein passionierter Eishockeyspieler, fiel 1944 im Krieg, bevor er seine Ausbildung zum Drogisten beendet hatte. Um Gewerbelehrerin zu werden, benötigte meine Mutter Ella eine längere Ausbildung. Nachdem sie die Mittlere Reife erreicht hatte, besuchte sie vier Jahre lang verschiedene Gewerbeschulen. Externe Zusatzausbildungen in Hannover, Wien und Potsdam dauerten zwei Jahre. Aus familiären Gründen nahm meine Mutter eine längere berufliche Auszeit, sodass sie in Ostpreußen nur fünf Jahre lang als Gewerbelehrerin arbeitete.

Ab und zu besuchte ich Oma Berta und Opa Georg zusammen mit meinem jüngeren Bruder Winfried. Allein durften wir erst gehen, nachdem ich Schulkind geworden war. Unser Fußweg, kürzer als ein Kilometer, führte über mehrere verkehrsarme Straßen. Oma Berta bot uns meistens Brötchen mit Butter und Erdbeermarmelade an. Nirgendwo schmeckten die Marmeladenbrötchen besser als bei Oma Berta.

In einer Sammelaktion der Schule verhalf mir Opas Drogerie zur Spitzenposition. Uns Schulkinder hatte man aufgerufen, in einem bestimmten Zeitraum Altpapier zu sammeln. Altpapier war ein wichtiger Rohstoff und wie alle Rohstoffe in Kriegszeiten knapp. Ich meinte, dass die

Drogerie meines Großvaters bei dieser Aktion von Nutzen sein könnte. In der Drogerie fielen ständig größere Mengen von Verpackungsmaterial an, zumeist in Form von Kartonagen. Ein einziges Mal wollte ich den Entsorgungsprozess umleiten. Mein Großvater und ich packten den Handwagen der Drogerie, der mit einer großen Ladefläche und zwei Rädern versehen war, ganz voll mit zusammengefalteten Kartons und anderem Altpapier. Wir sicherten die Ladung mit starken Bindfäden und fuhren sie zur Sammelstelle der Schule. Wie zu erwarten, schaffte es kein Mitschüler, mein Sammelergebnis zu übertreffen.

5
Der Bauernhof

Rund 35 Kilometer entfernt von meiner Heimatstadt lag der Bauernhof, auf dem mein Vater Walter aufwuchs. Walter war ein waschechtes Bauernkind. Sein Vater, mein Großvater August, kam 1864 ein paar Dörfer weiter zur Welt. Um 1900 übernahm er den Hof. Walters Mutter, meine Großmutter Bertha, die sich abweichend von meiner anderen Oma gleichen Namens mit h schrieb, entstammte ebenfalls der Gegend. Sie war Jahrgang 1866 und Augusts Cousine. Ich lernte sie leider nicht mehr kennen, da sie wenige Wochen vor meiner Geburt im Alter von 69 Jahren verstarb. August war 72 Jahre alt, als ich geboren wurde.

Meine Großmutter Bertha muss dem Vernehmen nach eine starke und kluge Frau gewesen sein. Sie hatte den frühen Tod von sechs ihrer zwölf Kinder zu verkraften. Drei Söhne und zwei Töchter starben bereits im ersten Lebensjahr, eine Tochter wurde knapp zehn Jahre alt. Ihre Kinder Helene, Max, Walter, Elisabeth, Willy und Frieda, geboren 1889, 1892, 1899, 1902, 1904 und 1906, erreichten das Erwachsenenalter. Elisabeth starb noch vor meiner Geburt, sie wurde nur 27 Jahre alt. Bertha konnte gut rechnen. Kaufte sie etwas ein, kalkulierte sie den Preis schneller als der beteiligte Verkäufer. Von Schnäppcheneinkäufen hielt sie gar nichts. Sie sagte: „Ich bin nicht reich genug, um billig einkaufen zu können".

Der Bauernhof verfügte über eine Ackerfläche von etwa 75 Hektar und war damit der zweitgrößte landwirtschaftliche Betrieb des Ortes. Das Gehöft, einen Vierseitenhof, habe ich als verhältnismäßig groß in Erinnerung. Zwei Besonderheiten fielen auf. Zum einen überraschte den Besucher auf dem Hof eine komplett eingerichtete und funktionsfähige Schmiedewerkstatt, da mein Großvater August nicht nur Landwirt war, sondern auch den Beruf des Schmiedes erlernt und in jüngeren Jahren nebenbei ausgeübt hatte. Zum anderen beherbergte der Hof die Außenstelle eines Gestütes. Der stattliche Hengst, den man dort hielt, diente der Pferdezucht in der näheren Umgebung. Auf dem Hofgrundstück, das einen weitläufigen Garten einschloss, traf man sich gern in familiärer Runde. Bei meinem ersten Besuch war ich noch ein Baby. Zu diesem Zeitpunkt lebte Opa August bereits auf dem sogenannten Altenteil.

Mein Großvater August hatte seinem jüngsten Sohn Willy den Bauernhof übertragen. Eigentlich war es gang und gäbe, den ältesten Sohn als bäuerlichen Nachfolger einzusetzen oder ersatzweise den im Alter nachfolgenden Sohn. Warum August in seiner Entscheidung vom Üblichen abwich, ist mir nicht bekannt. Sein ältester Sohn Max war Bauunternehmer geworden und schied des Berufes wegen aus dem Wettbewerb der Nachfolge aus. Mein Vater Walter, dem Alter nach der nächste Anwärter, muss in der örtlichen Grundschule, die er mit der Note „Sehr gut" abschloss, zu gut gewesen sein. Großvater August hielt ihn womöglich zu Höherem berufen und förderte seine externe landwirtschaftliche Ausbildung.

Mein Vater Walter lernte die Praxis des Bauernberufes zunächst auf dem elterlichen Hof kennen, wie alle Bauernkinder nach der Methode *learning by doing*. Mit 16 Jahren besuchte er die Unterklasse und mit 17 Jahren die Oberklasse der nächstgelegenen Landwirtschaftlichen Winterschule. Er muss dort recht ehrgeizig gewesen sein. In acht von 20 Fächern erhielt er die Note „Sehr gut" und in neun die Note „Gut". Außerdem wurde er mit einem Buchpreis ausgezeichnet. Mit 18 Jahren begann er eine Tätigkeit als Zweiter Inspektor auf einem Rittergut. Nach wenigen Monaten, es war im letzten Jahr des Ersten Weltkrieges, zog man ihn allerdings noch zum Militärdienst ein. Als der Erste Weltkrieg vorbei war, wechselte er auf ein anderes Rittergut. Dort absolvierte er eine „geordnete, praktische Lehrzeit von zwei Jahren", wie es hieß. Mit einer Prüfung, die die Prüfungskommission der zuständigen Landwirtschaftskammer abnahm, beendete er 1920 erfolgreich diese Ausbildung. Mein Vater ging 1934 vom Land in die Stadt. Bis dahin war er ununterbrochen als landwirtschaftlicher Gutsinspektor angestellt gewesen, zuletzt acht Jahre lang auf demselben Gutshof.

6
Die Zwischenstation

In einer sechsköpfigen Reisegruppe hatte ich Ostpreußen im August 1944 verlassen. Unsere Eisenbahnfahrt endete im östlichen Brandenburg, der Heimat meines Großvaters Georg. Die Verwandten holten uns vom Bahnhof mit einem Pferdewagen ab und nahmen uns liebevoll auf. Der Bauernhof, auf dem Großvater Georg groß geworden war, lag außerhalb des Dorfes. Georgs ältester Bruder Karl hatte seinerzeit den Hof von Georgs Vater übernommen. Mittlerweile war Karls Sohn Georg, der gleichnamige Neffe meines Großvaters, der Chef. Der Hof bot uns viel Platz. Die ländliche Idylle hob sich wohltuend vom hektischen Stadtleben ab, das wir gerade hinter uns gelassen hatten. Im Rückblick könnte man auch meinen, es sei die Ruhe vor dem Sturm gewesen.

Der September 1944 nahte schnell. Ich musste meiner Schulpflicht genügen. Zu Hause hatte ich das erste und das zweite Schuljahr abgeschlossen. Während dieser Zeit hatte ich lesen, schreiben und die Grundrechenarten gelernt. Jetzt hätte ich in die dritte Klasse kommen müssen. Aber in der Dorfschule gab es keine normale dritte Klasse. Man unterrichtete die Schüler aller Jahrgänge miteinander in einem einzigen Raum. Ungefähr zehn Wochen lang besuchte ich diese Schule. Der Schulweg war für ein Stadtkind wie mich ganz ungewohnt. Er verlief über Feldwege und durch einen kleinen Wald. Man konnte reichlich Pflanzen und kleine Tiere beobachten. Ich trug meinen Schulranzen, damals auch Tornister genannt, den ich auf die Reise mitgenommen hatte.

In der zweiten Septemberhälfte 1944 änderte sich unsere familiäre Situation. Meine Schwester Dorothea wurde im Krankenhaus der Kreisstadt geboren. Jetzt waren wir drei Geschwister. Mein Bruder Winfried und ich mussten uns erst daran gewöhnen, nun eine kleine Schwester zu haben.

Im Radio und in der Zeitung verfolgten wir fortwährend die Nachrichten. An Fernsehen war ja noch lange nicht zu denken. Die Nachrichten machten uns Angst und klangen immer beunruhigender. Erstaunlich schnell rückte die Rote Armee nach Westen vor. Von Tag zu Tag wuchs die Erkenntnis, im östlichen Brandenburg nicht dauerhaft bleiben zu können. Unsere ursprüngliche Hoffnung, bald nach Ostpreußen zurückkehren zu können, zerplatzte wie eine Seifenblase. Darüber hinaus machten wir uns Sorgen um meine neugeborene Schwester Dorothea und meine schwangere Tante Ruth. Aus dieser Situation erlöste uns Mitte November 1944 die Einladung von Ellas Bruder Günter, zu ihm nach Anhalt weiterzureisen. Mein Onkel Günter hatte 1937 dorthin geheiratet.

Mein Großvater Georg befand sich noch in Ostpreußen. Die vielen Kisten, die er nachschickte, kamen unversehrt an. Sie enthielten bewegliches Inventar und wurden von uns ordentlich auf dem Bauernhof verwahrt. Unterdessen dachten wir aber nur noch daran, denkbare Gefahren für Leib und Leben abzuwenden. Vor der Weiterfahrt nach Anhalt fiel es uns überhaupt nicht schwer, auf die nachgeschickten Dinge nunmehr endgültig zu verzichten. Die Kisten weiterzuleiten, kam unter den gegebenen Umständen nicht in Frage. Nur eine Nähmaschine überlebte, weil wir sie zur Reparatur eines Defektes an Onkel Günter vorausschickten.

Es ist anzunehmen, dass die Vorfahren meines Großvaters Georg im 16. Jahrhundert aus dem südwestdeutschen Raum ins östliche Brandenburg einwanderten. Den Teil Brandenburgs, der östlich der Oder lag, nannte man auch die Neumark. Bis 1945 gehörte dieser Teil zur preußischen Provinz Brandenburg. Die frühere Mark Brandenburg bestand aus der Kurmark und der Neumark. Beide Teilgebiete trennte die Oder.

7
Das Kriegsende

Unsere Flucht aus Ostpreußen, die wir privat organisiert hatten, endete am 18. November 1944 in einer Kreisstadt in Anhalt, wie aus der polizeilichen Anmeldung hervorgeht. Der ziemlich frühe Zeitpunkt unserer Bahnreise war vorwiegend familiär bedingt. Im Nachhinein konnten wir heilfroh sein, auf diese Weise von den schrecklichen Kriegsereignissen in Ostpreußen und desgleichen in Ostbrandenburg verschont geblieben zu sein. In Mitteldeutschland, wo wir nun waren, arbeiteten die örtlichen Behörden noch weitgehend normal. Unser Zuzug galt als „Einquartierung".

Nach wie vor zolle ich großen Respekt der Entscheidung meines Onkels Günter, uns Unterschlupf zu gewähren. Günters damalige Wohnung befand sich im zweiten Obergeschoss eines Wohn- und Geschäftshauses. Sie war recht groß und und hatte sechs Zimmer. Wir Asylanten, zunächst drei Erwachsene und vier Kinder, belegten mehr als die Hälfte der Wohnfläche. Das hatte beachtliche Einschränkungen für die Hauptmieter zur Folge. Günter trug Fliegeruniform, durfte aber aus beruflichen Gründen zu Hause wohnen. Er war 31 Jahre alt, seine Ehefrau Irene ebenfalls. Zur Familie gehörten außerdem die fünfjährige

Tochter Monika und der einjährige Sohn Bodo.

Ende 1944 hatten die alliierten Streitkräfte den größten Teil des Deutschen Reiches längst besetzt. Trotzdem mussten wir noch Luftangriffe erdulden. Die Alarmsirenen forderten uns beinahe täglich dazu auf, die Luftschutzkeller aufzusuchen. Erfreulicherweise schlugen keine Bomben in unserer Nähe ein. Im mitteldeutschen Raum fanden schließlich die letzten Kämpfe des Zweiten Weltkrieges statt. US-amerikanische Truppen besetzten unsere Stadt. Wir saßen im Keller unseres Hauses, als sie mit schwerem Kriegsgerät einrückten. Die Bevölkerung begrüßte begeistert die Amerikaner als Friedensbringer. Die amerikanischen Soldaten, darunter viele Schwarze, warfen kleine Geschenke von den Panzern hinab. Wir Kinder freuten uns über Schokolade und Kaugummi. Im April 1945 standen die US-amerikanischen Streitkräfte westlich von Elbe und Mulde und die sowjetischen Streitkräfte östlich davon. Die Amerikaner begannen bald damit, in ihrem Besatzungsgebiet eine Verwaltung aufzubauen und den Alltag zu organisieren. Am 8. Mai 1945 ging der Zweite Weltkrieg offiziell zu Ende, nachdem das Deutsche Reich kapituliert hatte.

Am 1. Juli 1945 verließen die Amerikaner auf einmal unsere Stadt in Richtung Westen, ohne dies vorher anzukündigen. Die Bevölkerung war völlig überrascht. Später stellte sich heraus, dass die Alliierten vereinbart hatten, Besatzungsgebiete zu tauschen. Die Rote Armee zog sich aus West-Berlin zurück und erhielt dafür von den Amerikanern das Stück Mitteldeutschland, in dem wir zufälligerweise gerade lebten. Manche Leute wollten auf keinen Fall unter sowjetische Besatzung geraten. Sie folgten den Amerikanern. Unsere Familie neigte nicht dazu, die Flucht gleich wieder fortzusetzen. Nachdem die US-amerikanischen Besatzer abgezogen waren, kam es vorübergehend zu einer chaotischen Situation. Es wurde randaliert und geplündert. Als die Rote Armee die Stadt übernahm, saßen wir wieder im Luftschutzkeller. Dieser Einzug unterschied sich auffallend von dem der Amerikaner. Jetzt überwogen leichte Panzer und kleine Pferdewagen.

Mit dem Ende des Krieges gingen einige Veränderungen in unserer Wohngemeinschaft einher. Mein Onkel Günter geriet in amerikanische Gefangenschaft. Mein Großvater Georg stieß zu uns. Er hatte in Ostpreußen ausgeharrt, bis der letzte Flüchtlingszug abfuhr. Es war ihm auch gelungen, noch sein neumärkisches Heimatdorf zu besuchen. Gut eine Woche nach Kriegsende gebar meine Tante Ruth ihre zweite Tochter. Baby Christiane hatte offenbar abgewartet, bis der Wahnsinnskrieg vorbei war. Kurz danach zogen Ruth, Brigitte und Christiane aus, da Papa Horst eine Zusammenführung der Familie in Westdeutschland organisiert hatte.

Wo mein Vater Walter sich aufhielt, wusste niemand. Er war als Soldat an der Ostfront verschollen. Am 22. November 1944 hatte das Oberkommando des Heeres meiner Mutter auf ihre Anfrage mitgeteilt, dass der Verbleib meines Vaters „noch unbekannt" sei. Ende August 1945, also reichlich drei Monate nach Kriegsende, stand mein Vater unerwartet vor unserer Haustür. Wir waren sehr glücklich, ihn wiederzuhaben. Er kam geradewegs aus sowjetischer Kriegsgefangenschaft. Bei der Entlassung hatte er Onkel Günters Adresse angegeben, weil er mutmaßte, uns dort anzutreffen, oder hoffte, dort etwas über unseren Verbleib zu erfahren. Gesundheitlich machte er einen passablen Eindruck, obwohl er abgemagert und seine Kleidung verschlissen war. Unsere wiedervereinte Familie hatte derweil ein fünftes Mitglied. Mein Vater sah seine Tochter Dorothea zum ersten Mal.

Meine Eltern bemühten sich angestrengt darum, Arbeit zu bekommen und Geld zu verdienen. Im September 1945 warb man per Pressenotiz um Mithilfe beim Aufbau des Erziehungswesens. Meine Mutter wurde eingestellt. Von November 1945 bis Juli 1946 arbeitete sie als nebenamtliche Lehrkraft an der örtlichen Berufs- und Handelsschule. Mein Vater rackerte sich zeitweise in einem Braunkohletagebau ab. Später kontrollierte er im Auftrag des Landratsamtes Viehbestände auf Bauernhöfen des Landkreises.

Im zweiten Halbjahr 1945 installierte man in der Sowjetischen Besatzungszone Deutschlands die Sowjetische Militäradministration in Deutschland (abgekürzt SMAD) als Verwaltungsstruktur. Die entsprechende Unterorganisation in jedem Land und in jeder Provinz nannte sich Sowjetische Militäradministration (abgekürzt SMA). Es gab die Länder Sachsen, Thüringen und Mecklenburg-Vorpommern sowie die Provinzen Brandenburg und Sachsen. Aus der Provinz Brandenburg wurde später das Land Brandenburg und aus der Provinz Sachsen das Land Sachsen-Anhalt.

8
Der Neubauer

Mein Vater war noch nicht lange aus der sowjetischen Kriegsgefangenschaft entlassen, als im September 1945 die sogenannte Bodenreform in der Sowjetischen Besatzungszone begann. Die Agrarbetriebe, die mehr als 100 Hektar bewirtschafteten, wurden enteignet. Mein Vater hatte offenbar mehrere Gründe, sich bald um die Zuteilung einer Landparzelle zu kümmern. Er war ein vielseitig ausgebildeter Landwirt, konnte seinen Beruf aber bisher nur in unselbstständiger Position ausüben. Er wünschte sich bestimmt, einmal ein Bauer auf eigener Scholle zu sein. Wohl jeder, der auf dem Land groß geworden ist, trägt diese Sehnsucht, vielleicht auch nur unbewusst, in sich. Selbstständiger Bauer zu sein, bedeutete auch, einen langfristig abgesicherten Arbeitsplatz zu haben. Es schien überdies möglich, auf diese Weise die gegebenen beengten Wohnverhältnisse zu verbessern. Nicht zuletzt war in der vom Hunger bedrohten Nachkriegszeit zu bedenken, dass selbst eine kleine Landwirtschaft eine Familie ernähren kann.

In einem dörflichen Vorort unserer neuen Heimatstadt fiel ein Landgut unter die Bodenreform. Mein Vater hatte gute Chancen, dort ein Neubauer zu werden, da er nicht nur gelernter Landwirt, sondern auch ein Umsiedler aus den früheren deutschen Ostgebieten war. Neubauer war die offizielle Berufsbezeichnung für alle, die durch die Bodenreform eine Landwirtschaft erhielten. Urkunden vom 5. Januar 1946 und 17. Februar 1946 teilten meinem Vater fünf Hektar Ackerland des Gutes zu und als Hausgrundstück einen Teilbereich des Gutshofes. Laut Urkundentext handelte es sich hierbei um „schuldenfreie" Grundstücke, die „rechtskräftig zum persönlichen vererbbaren Eigentum" übergeben wurden. Mein Vater erhielt außerdem eine Milchkuh, eine junge Kuh, ein Kalb und drei Schafe als sogenanntes Inventar. Meine Mutter schied im August 1946 aus dem Schuldienst aus und betätigte sich fortan vollerwerblich als Neubäuerin. Meine zwei Geschwister und ich wurden auf diese Weise unbestritten zu Bauernkindern.

Das mehrstöckige Herrenhaus des nun aufgeteilten Gutes krönte ein verglaster kleiner Turm. Das Haus sah aus wie ein Schloss, und die Einheimischen nannten es auch so. Dahinter erstreckte sich ein ausgedehnter Park mit urigen alten Bäumen. Ein Wassergraben, über den zwei Brücken führten, umgab das Bauwerk. Im Frühjahr 1946 zogen wir in das Schloss um, das heißt meine Eltern mit ihren drei Kindern und meine Großeltern Georg und Berta. Man hatte uns mehrere der vielen Zimmer des Herrenhauses zugewiesen. In sich geschlossene Wohnungen existierten dort nicht. Den Hauptraum bildete eine große Halle im ersten Obergeschoss, die der Turm auf dem Dach über seine Fenster mit Oberlicht versorgte. Im Haus wohnten noch andere Familien und auch Einzelpersonen. Die neue

Umgebung verbesserte erheblich unsere Lebensqualität. Dass die Räume möbliert waren, kam uns entgegen, da wir noch keine eigenen Möbel hatten. Später gingen die Möbel, darunter Schränke, Tische und Polstersessel, in unser Eigentum über. Besitzansprüche anderer blieben aus. Einige dieser Möbelstücke finden immer noch Verwendung. Die adligen Vorbewohner hatten das Schloss allem Anschein nach in Eile verlassen, denn die Möbel waren nicht oder nur zum Teil ausgeräumt.

Unser Umzug ins Schloss beendete nach über einem Jahr die unbequeme Einquartierungssituation in Onkel Günters Wohnung. Tante Ruth war mit ihren zwei Töchtern ja schon zu einem früheren Zeitpunkt nach Westdeutschland weitergereist. Uns Kindern gefiel die Umgebung des Schlosses ausgesprochen gut. Wir konnten draußen herrlich spielen. Großen Spaß bereitete der Schlossgraben, wenn er im Winter zufror. Eine sehr beliebte winterliche Attraktion war eine lange Schlange von aneinandergebundenen Schlitten. Von starken Jungen gezogen, scherten die letzten Schlitten in den Kurven gefährlich aus, was alle Beteiligten sehr belustigte. Ungeachtet aller widrigen äußeren Umstände hatten meine Eltern ihre Familienplanung noch nicht abgeschlossen. Im Juni 1946 wurde mein zweiter Bruder Carl-Christian geboren. Mein Vater und mein Bruder Winfried holten Mutter und Kind aus dem Krankenhaus mit einem geborgten Pferdefuhrwerk ab.

Wir blieben ungefähr zwei Jahre im Schloss. Als man begann, den Neubau von Gehöften für die Neubauern zu planen, entschied man sich zugleich für den Rückbau des

Schlosses. Man wollte Baumaterial preisgünstig gewinnen, was sich aber am Ende als unsinnig und unprofessionell herausstellte. Mein Vater beantragte den Neubau eines kleinen Bauernhofes. Als Zwischenlösung bezogen wir in der Nähe des ehemaligen Gutshofes zwei leerstehende kleine Lehmhäuser, in denen früher Landarbeiter wohnten. Die Häuser erfüllten den berechtigten Wunsch meiner Eltern, endlich wieder ein in sich abgeschlossenes Zuhause zu haben. Meine Großeltern mieteten, nachdem sie ebenfalls aus dem Schloss ausgezogen waren, eine kleine Dachwohnung, die lediglich wenige Gehminuten von unserer neuen Unterkunft entfernt war.

Die tägliche Arbeit eines Neubauern erforderte erhebliche körperliche Anstrengungen. Ein Neubauer konnte zwar die Dienste der neu geschaffenen Maschinenausleihstationen (abgekürzt MAS), die sich später Maschinen-Traktoren-Stationen (abgekürzt MTS) nannten, in Anspruch nehmen. Das lohnte sich jedoch nur bei schweren Feldarbeiten, wie zum Beispiel beim Pflügen. Leichtere Feldarbeiten erledigte man mit kleineren Ackergeräten, die man selbst besaß oder sich in der Nachbarschaft auslieh. Als Zugtiere auf dem Acker und auf der Straße setzte man in der Anfangszeit hauptsächlich Ochsen und Kühe ein. Pferde schieden bei kleinen Landflächen in der Regel infolge wirtschaftlicher Erwägungen aus. Viel Handarbeit war nötig, um zum Beispiel Unkraut zu entfernen, Tiere zu füttern oder Ställe auszumisten. Anfangs hatten wir Mühe, den Gebäudeteil angemessen zu nutzen, der uns auf dem ehemaligen Gutshof übertragen worden war. Es handelte sich um ein ungefähr sechs Meter breites Segment des früheren Schafstalles, in dem unser gesamtes landwirtschaftliches Inventar, bestehend aus Tieren, Geräten und Ernteerträgen, Platz finden musste.

An den Arbeiten, die in unserer Neubauernwirtschaft anfielen, nahmen alle Familienmitglieder teil. Im Allgemeinen bestimmte mein Vater, was im Stall und auf dem Feld zu tun war. Großvater Georg und wir zwei Schulkinder halfen mit so gut es ging. Lag viel Arbeit an, wurden auch Hilfskräfte stundenweise angeheuert. Meine Mutter kümmerte sich vorrangig, gleichwohl nicht ausschließlich, um Haushalt und Kinder. Großmutter Berta stand ihr tatkräftig zur Seite. Bis zum Frühjahr 1949 nahm mein Vater noch seinen Nebenjob beim Landratsamt wahr, um das Familieneinkommen aufzubessern. Im Juli 1950 erblickte meine zweite Schwester Elisabeth das Licht der Welt und komplettierte die Familie. Ein Taxi brachte Mutter und Kind aus der Klinik nach Hause.

9
Das Neubauerngehöft

Die Bodenreform hatte den Neubauern außer dem Land auch Teile von Wirtschaftsgebäuden der landwirtschaftlichen Großbetriebe, die enteignet worden waren, übertragen. Wie wir selbst erfahren mussten, beeinträchtigte die Aufteilung der alten Gebäude häufig die Arbeit der Neubauern, sodass Bedarf an geeigneten kleineren Gebäuden bestand. Im ländlichen Raum begann man deshalb damit, schwerpunktmäßig Neubauerngehöfte zu bauen. Einigermaßen zügig erfolgten die bürokratischen und bautechnischen Vorbereitungen, die solch ein Neubau voraussetzte.

Mein Vater erhielt Bauland zugeteilt, das etwa ein Drittel Hektar groß war. Das Eckgrundstück hatte eine günstige Lage. Es befand sich am Ende der Straße, in der wir schon mehrere Jahre wohnten. Unser Bauvorhaben beinhaltete einen kleineren Dreiseitenhof mit einem Wohnhaus, einem Stall und einer Scheune. Die Restfläche außerhalb des Hofes sollte als Garten genutzt werden. Anfang Mai 1949 begann der Bau. Anfang Dezember 1950 war die Schlussabnahme des Gehöftes.

Eine private kleine Baufirma übernahm die Bauarbeiten. Alle arbeitsfähigen Familienmitglieder beteiligten sich an den Eigenleistungen, zu denen die wir uns aus Kostengründen verpflichtet hatten. Das angelieferte Baumaterial luden wir für gewöhnlich selbst ab, zum Beispiel Bausteine, Dachziegel und Holzbalken. Dachziegel bedeckten das Wohnhaus und den Stall, Schindeln aus Holz die Scheune. Ziegelsteine wurden für die Mauern des Wohnhauses und der Scheune verwendet, Feldsteine für die Mauern des Stalles. Zur Straße hin schloss eine Mauer den Hof ab, durchbrochen von einer Einfahrt und einem Personeneingang.

Das Wohnhaus war unterkellert. Ein hoher Grundwasserspiegel bedingte, dass der Keller ein Stück aus dem Erdreich herausragte und das Erdgeschoss in Wirklichkeit ein Hochparterre war. Das Erdgeschoss enthielt eine Wohnküche, ein Wohnzimmer, ein Schlafzimmer, einen Flur und eine Speisekammer. Im Dachgeschoss darüber befanden sich zwei Kinderzimmer. Die sanitären Verhältnisse mögen damals zufriedenstellend gewesen sein. Aus heutiger Sicht wären sie es nicht. Im Wohnhaus fehlten Toilette und Badezimmer. Die Rohrsysteme der städtischen Wasserversorgung und Kanalisation endeten so weit entfernt vom Grundstück, dass Anschlüsse in absehbarer Zeit nicht zu realisieren waren. Das Trinkwasser kam aus einem frisch gebohrten Brunnen im Hof. Es konnte über Pumpen am Brunnen, in der Küche und im Stall entnommen werden. Das Abwasser lief in einen offenen Graben. Als Toilette diente ein „Plumpsklo" im Stall, das immerhin einen Extraeingang hatte.

Kurz vor Weihnachten 1950 zog unsere Familie in das neuerbaute Gehöft um. Meine Großeltern Georg und Berta waren nicht mehr dabei. Sie hatten schon ein Jahr davor den Vorschlag ihrer Tochter Ruth angenommen, zu ihr nach Westdeutschland umzusiedeln. Unsere Familie begriff die neuen Wohnverhältnisse als deutlichen Fortschritt, trotz der sanitären Unzulänglichkeiten. Das Ambiente eines eigenen Bauernhofes, der unmittelbaren Kontakt zu Tieren und Pflanzen möglich machte, war neu für uns. Es beeindruckte insbesondere meine jüngeren Geschwister. Auf dem Hof hielten wir Kühe, Schweine, Gänse, Hühner, Katzen, einen Hund und später auch ein Pferd. Hof und Garten waren groß genug, um Gäste einladen und Familienfeste feiern zu können. Höhepunkte waren die Feiern anlässlich der Goldenen Hochzeit meiner Großeltern und der Silberhochzeit meiner Eltern.

Die Zahl der ständigen Bewohner des Neubauerngehöftes ging allmählich zurück. Die älteren drei Kinder zogen aus, weil sie anderswo eine Ausbildung begannen oder im Beruf standen. Zuletzt hatten meine Eltern und meine zwei jüngsten Geschwister viel Platz auf dem Anwesen. Als meine Eltern 1960 der Landwirtschaftlichen Produktionsgenossenschaft beitraten, verlor der Hof seine bäuerliche Eigenständigkeit. Einige Jahre später bauten Nachbesitzer das ehemalige Gehöft zu zwei Einfamilienhäusern um.

10
Die Genossenschaft

Die Sowjetische Besatzungszone ging 1949 im neuen Staat Deutsche Demokratische Republik (abgekürzt DDR) auf. Schon ab 1952 gab es Bestrebungen, die selbstständigen Neubauern, die erst unlängst aus der Bodenreform hervorgegangen waren, nach sowjetischem Vorbild zu kollektivieren. Die Neubauern wurden gedrängt, Genossenschaften zu gründen und darin ihre Ländereien und ihr Nutzvieh zusammenzuführen. Die sozialistischen Ideologen behaupteten, die Kollektivierung der Landwirtschaft sei ein zwangsläufiger Schritt in der Entwicklung des Sozialismus. Für sie bildete der Berufsstand der Genossenschaftsbauern und Genossenschaftsbäuerinnen eine neue Klasse der Gesellschaft. Diese neue Klasse würde neben der Arbeiterklasse die führende Kraft des Staates sein. Natürlich stand auch eine wirtschaftliche Überlegung dahinter. Die Neubauern besaßen meistens nur wenig Land und waren auf Dauer sicherlich nicht in der Lage, ökonomisch erfolgreich zu sein und mit größeren landwirtschaftlichen Betrieben konkurrieren zu können.

Bei der Bildung von Genossenschaften in der Landwirtschaft achtete man sehr darauf, das Prinzip der Freiwilligkeit formal einzuhalten. Doch der propagandistische

Druck auf die Neubauern nahm zu. Mehrere Jahre lang hielten meine Eltern und die benachbarten Neubauern diesem Druck stand, bis sie schließlich im April 1960 einer Landwirtschaftlichen Produktionsgenossenschaft (abgekürzt LPG) im Block beitraten. Mein Vater wurde zum Genossenschaftsbauer, meine Mutter zur Genossenschaftsbäuerin. Sie brachten in die Genossenschaft eine aktuelle Bodenfläche von zirka acht Hektar ein. Im Vergleich zum Ausgangswert bei der Bodenreform hatten sie die Fläche vergrößern können.

In die Genossenschaft war neben dem Ackerland ein sogenannter Inventarbeitrag einzubringen. Darunter verstand man Nutztiere und größere landwirtschaftliche Geräte. Gefordert wurde ein Wert von 500 DM pro Hektar Ackerland. DM bedeutete Deutsche Mark. Die Währung der Deutschen Demokratischen Republik trug damals dieselbe Bezeichnung wie die Währung der Bundesrepublik Deutschland. Das übergebene Inventar wurde genau aufgelistet. Meine Eltern steuerten ein Pferd, drei Kühe, drei Jungrinder, drei Mutterschafe, sieben junge Schweine und einige Ackergeräte bei. Der Gesamtwert des Inventars entsprach nicht ganz dem geforderten Betrag, sodass noch ein Rest in bar zu zahlen war. Die Tiere kamen in die genossenschaftlichen Ställe, mit Ausnahme des Pferdes und einer Kuh, die man beide leider dem Schlachthof übergab, weil sie für die gemeinschaftliche Viehhaltung schon zu alt waren.

Mein Vater arbeitete in der Feldwirtschaft der Genossenschaft. Obwohl er eine jahrzehntelange Berufserfahrung besaß, musste er im hohen Alter von 62 Jahren noch eine Facharbeiterprüfung als Landwirt/Feldbau ablegen. Wie nicht anders zu erwarten, schloss er die theoretische und praktische Prüfung mit der Note „Sehr gut" ab. Von meiner Mutter, die fast 54 Jahre alt war, verlangte man dieselbe Prüfung. Auch sie schnitt mit „Sehr gut" ab. Aufgrund ihrer pädagogischen Ausbildung setzte man sie als Lehrausbilderin ein. Später wurde sie Erzieherin im Lehrlingswohnheim, das zur Genossenschaft gehörte.

Das Neubauerngehöft verkümmerte zum bloßen Wohnsitz der vierköpfigen Restfamilie. Der Stall und die Scheune standen größtenteils leer. Man hielt einige Tiere und betrieb den Gemüsegarten wie auch den Obstgarten, um sich zum Teil selbst mit Nahrungsmitteln zu versorgen. Ein gut genährtes Schwein wuchs heran. Eine Ziege gab Milch für die Katzen, die das Grundstück mausfrei machten, während die menschlichen Mitbewohner die Ziegenmilch verschmähten. Etliche Hühner deckten den Eierbedarf ab. Sie waren darüber hinaus wie auch mehrere Gänse begehrte Fleischlieferanten. Bei Bedarf konnte man auf verlässliche Nachbarschaftshilfe zurückgreifen, zum Beispiel wenn man ein Pferd zum Pflügen im Garten oder zum Transportieren auf der Straße benötigte.

An dem Wohnhaus fehlte noch immer der Außenputz. Mein Bruder Winfried löste das Problem, nachdem er während seines Architekturstudiums praktische Maurererfahrungen gesammelt hatte. In den Sommerferien 1960 und 1961 führte er die Putzarbeiten sorgfältig aus, wobei er ein eigens dafür angefertigtes Baugerüst benutzte.

Mein Vater ging mit 65 Jahren in Rente. Er nahm baldmöglichst das Privileg wahr, das jedem Rentner der Deut-

schen Demokratischen Republik schon seit längerem zustand. Er reiste in die Bundesrepublik Deutschland und
besuchte zahlreiche Verwandte und Bekannte. Sein Ruhestand währte leider kaum acht Monate. Er verstarb plötzlich zu Hause. Vor allem der Zweite Weltkrieg und die
kräftezehrende Nachkriegszeit hatten seiner Gesundheit
stark zugesetzt.

Nach vier Jahren beendete meine Mutter ihre Tätigkeit
als Erzieherin im Lehrlingswohnheim der Landwirtschaftlichen Produktionsgenossenschaft. Im Januar 1967 stellte
die Kreisverwaltung sie als Horterzieherin ein. Ein Hort
betreute, wie heute auch, Schulkinder nach dem Unter-
richt. Der vorgenommene Wechsel der Arbeitsstelle be-
rechtigte meine Mutter, aus der Landwirtschaftlichen Produktionsgenossenschaft auszutreten und die Neubauernstelle samt Gehöft abzugeben.

Es fanden sich neue Eigentümer. Wir fünf Kinder verzichteten auf denkbare Erbschaftsansprüche aus der Bo-
denreformwirtschaft und ermächtigten unsere Mutter, die
Übergabeverhandlung zu führen. Ein „Protokoll über die
Auseinandersetzung bei Besitzwechsel von Bauernwirt-
schaften aus der Bodenreform" hielt die Einzelheiten der
Übergabe fest. Die neuen Besitzer übernahmen das Neu-
bauerngrundstück, das aus dem Ackerland und der Hof-
stelle bestand und das im lokalen Grundbuch eingetragen
war. Sie akzeptierten den Zeitwert von Wohnhaus und Ne-
bengelass, den ein Sachverständiger geschätzt hatte, ferner
die noch bestehenden Kredite und den Wert des Inventars
aus der Bodenreform. Meiner Mutter stand der Zuwachs
des Inventarwertes seit der Bodenreform als Wertverbesse-

rung zu. Die Auszahlung dieses Betrages ließ dann aber sehr lange auf sich warten.

Meine Mutter nahm nach dem Besitzerwechsel der Neubauernstelle eine Stadtwohnung. Sie wurde Rentnerin im April 1968 und starb nach achtjährigem Ruhestand.

11
Die Schulzeit

Die Grundschule besuchte ich, was ein wenig ungewöhnlich ist, in vier politischen Systemen, die aufeinander folgten, und an drei verschiedenen Orten, die ganz schön weit auseinander lagen. Als ich 1942 im Alter von sechs Jahren in die Schule kam, regierten noch die Nationalsozialisten unter Hitlers Führung, und wir befanden uns mitten im Zweiten Weltkrieg. In meiner ostpreußischen Geburtsstadt ging ich in die erste und zweite Klasse der Volksschule, wie die Grundschule damals hieß. Wir Schüler trugen die Schulsachen auf dem Rücken in Ranzen, die deutlich kleiner und leichter waren als die Schultaschen von heute.

Zu Beginn schrieben wir mit einem Griffel auf einer Schiefertafel, die auf der einen Seite mit einer Lineatur zum Schreiben versehen war und auf der anderen mit einer Lineatur zum Rechnen. Die Tafel sparte Papier und erleichterte Korrekturen, die man mit einem feuchten und einem trockenen Läppchen vornahm. Die Läppchen, die mit einem Bändchen an die Tafel angebunden waren, hingen auf dem Schulweg aus dem Ranzen heraus. Später schrieben wir in Heften mit einem Bleistift oder einem Federhalter, der eine Schreibfeder trug. Wenn man schrieb, musste man die Schreibfeder kurz in Tinte eintauchen, die sich in einem kleinen Glasgefäß, dem Tintenfass, befand, und das immer wieder, weil nur wenig Tinte an der Schreibfeder haften blieb. Füllfederhalter und Kugelschreiber entwickelte man erst später.

Wir lernten die lateinischen Buchstaben, auch wenn die sogenannte deutsche Schrift noch weit verbreitet war. Einige Jahre später brachte ich mir die deutschen Schriftzeichen selber bei, um Omas Briefe ohne fremde Hilfe lesen zu können.

Mein drittes Schuljahr wies, bedingt durch den Krieg, einige Lücken auf. In den Sommerferien des Jahres 1944, die auf das zweite Schuljahr folgten, flüchtete meine Familie aus Ostpreußen. Eine Zeit lang hielten wir uns im Heimatdorf meines Großvaters Georg auf, das im östlichen Brandenburg lag und das wir zunächst angesteuert hatten. Im September 1944 begann ich dort das dritte Schuljahr so gut es ging. In dem einzigen Klassenraum der Dorfschule unterrichtete man mehrere Jahrgänge zugleich, was ich bis dahin nicht kannte. Ungefähr zehn Wochen lang besuchte ich diese Schule, bevor wir unsere Flucht fortsetzen mussten.

In der anhaltischen Kreisstadt, in der unsere Flucht ihr Ende fand, gliederte man mich kurzerhand in eine bestehende dritte Klasse ein. Im April 1945 kam das nationalsozialistische Schulwesen dort völlig zum Erliegen, nachdem US-amerikanische Besatzungstruppen in die Stadt eingerückt waren. Der Schulunterricht fiel danach häufig aus, und Zeugnisse entfielen.

Im September 1945 setzte wieder regulärer Schulbetrieb ein, nun unter sowjetischer Besatzung. Ich wurde einer neu formierten vierten Klasse einer sogenannten Knaben-Volksschule zugeteilt. Alle Schüler waren neu in der Klasse. Bis zum achten Schuljahr blieben wir mehrheitlich zusammen. Organisatorische und personelle Probleme gab es zuhauf. Unterrichtsorte und Lehrer wechselten verhältnismäßig oft. Am ersten Schultag nach den Ferien stellten sich immer dieselben Fragen: In welchem Schulgebäude sind wir? Wer ist unser Klassenlehrer? Welche Lehrer sind geblieben? Frühere Lehrer, die zu eng mit dem nationalsozialistischen Regime verbunden gewesen waren, durften nicht mehr unterrichten. Quereinsteiger mit guten Fachkenntnissen, darunter promovierte Naturwissenschaftler, nannte man Neulehrer. Sie hatten einen pädagogischen Crashkurs erfolgreich abzuschließen. Bis Februar 1948 trug die Grundschule die alte Bezeichnung Volksschule.

Der Lehrplan des vierten Schuljahres umfasste die Fächer Deutsch, Mathematik und Heimatkunde, im zweiten Halbjahr noch das Fach Zeichnen und Werken.

Im fünften Schuljahr erweiterte sich das Lehrprogramm erheblich, nämlich um Russisch, Geschichte, Erdkunde, Biologie, Musik und Sport. An die russische Sprache und ihre kyrillischen Schriftzeichen mussten wir Schüler uns erst gewöhnen. Nebenher gab es ein Russischlehrerproblem. Da erfahrene Russischlehrer in der Regel fehlten, griff man auf Neulehrer zurück, vornehmlich auf Immigranten aus Ländern mit slawischen Sprachen. Diese flugs herangebildeten Russischlehrer waren den Schülern manchmal nur wenige Lektionen voraus, was die Schüler natürlich merkten. Nicht selten begann ein neuer Russischlehrer den Russischunterricht wieder ganz von vorn.

Das sechste Schuljahr führte die Fächer des fünften Schuljahres weiter. Im siebten Schuljahr gesellten sich Englisch und Physik hinzu. Im achten Schuljahr rundete die Chemie das Fächerspektrum ab. Während dieses Schuljahres, im Oktober 1949, erfolgte die Gründung der Deutschen Demokratischen Republik.

Am Ende des achten Schuljahres fand eine Abschlussprüfung statt, die ich mit der Note „Sehr gut" bestand. Das Abschlusszeugnis, das ich im Juli 1950 erhielt, bestätigte meinen Grundschulbesuch in den Jahren 1942 bis 1950. Damit hatte ich die gesetzliche Grundschulpflicht erfüllt und wurde aus der Grundschule entlassen.

Die Organisation der Jungen Pioniere, offiziell als Pionierorganisation Ernst Thälmann bezeichnet, wurde im Dezember 1948 gegründet. Zu diesem Zeitpunkt befand ich mich bereits im siebten Schuljahr und war für diese Organisation gemäß Satzung zu alt.

Nach der Entlassung aus der Grundschule entschloss ich mich, meine Schulausbildung bis zum Abitur fortzusetzen. Meine Eltern beantragten für mich den Besuch der Oberschule. Es war leider so, dass nicht jeder, der leistungsmäßig die Voraussetzungen bot, auch auf die Oberschule kam. Die Anzahl der infrage kommenden Bewerber überstieg in der Regel die Anzahl der verfügbaren Plätze. Die Auswahlkriterien, die man neben der schulischen Leistungsfähigkeit heranzog, waren uns nicht bekannt. Es ist sehr wahrscheinlich, dass Arbeiter- und Bauernkinder aus ideologischen Gründen bevorzugt worden sind. Ich wurde in die Oberschule aufgenommen und vermute, dass bei dieser Auswahlprozedur zum ersten Mal die Tatsache eine

Rolle spielte, dass ich ein Bauernkind war. Den naturwissenschaftlichen und nicht den sprachlichen Zweig der Oberschule wählte ich, weil ich schon damals nach dem Abitur das Medizinstudium anpeilte. Die meisten Jungen bevorzugten die naturwissenschaftliche Ausrichtung. In meiner Klasse waren nur vier Mädchen.

Gleich zu Beginn der Oberschulzeit konfrontierten uns Funktionäre der Freien Deutschen Jugend (abgekürzt FDJ) mit der Aussage, es sei üblich, dass Oberschüler der FDJ beiträten. Sie fragten, ob jemand etwas dagegen hätte. Natürlich hatte niemand etwas dagegen. Somit wurde unser neuer Klassenverband im Handumdrehen zur FDJ-Gruppe. Die Massenorganisation FDJ hatte sich, früher als die Pionierorganisation, schon im März 1946 gegründet. Sie sollte unter anderem die schulische Erziehung begleiten. Ab 1952 erschien im Zeugnis eine gesonderte Beurteilung der sogenannten gesellschaftlichen Tätigkeit. Darin ging es hauptsächlich um die Mitarbeit in der FDJ-Gruppe.

An der Oberschule hatten wir im neunten Schuljahr größtenteils dieselben Unterrichtsfächer wie im achten Grundschuljahr. Englisch und Musik fielen weg. Gegenwartskunde trat hinzu. Im elften und zwölften Schuljahr wurde auch Latein gelehrt. Während der gesamten Schulzeit waren Deutsch und Mathematik meine Lieblingsfächer. Im Fach Sport hatte ich gewisse Probleme, sodass es mir nicht immer gelang, die Note „Gut" zu erzielen. Es stimmte mich nicht traurig, wenn der Sportunterricht wegen Lehrermangels ausfiel, was gar nicht so selten geschah.

Die Reifeprüfung am Ende des zwölften Schuljahres

schloss ich mit "Sehr gut" ab. Die dafür unerlässliche Note „Gut" im Fach Sport musste ich mir hart erkämpfen. Die Strategie, die ich mir zurechtgelegt hatte, ging auf. Die Sportnote ergab sich aus den Teilzensuren für Leichtathletik, Geräteturnen und Schwimmen.

In Leichtathletik verhalf mir ein zusätzliches Training zu einer „Drei". In Geräteturnen übte ich intensiv und erreichte eine „Zwei". Der Teilnote für Schwimmen lagen wiederum drei Unternoten zugrunde. Allein der Nachweis, ein Fahrtenschwimmer zu sein, brachte eine „Eins". Fahrtenschwimmen bedeutete, sich 45 Minuten lang über Wasser zu halten. Im kühlen Mai 1954 gingen wir zu mehreren in ein städtisches Waldbad, um unter Aufsicht eines gestrengen Bademeisters die nötigen Runden im Wasser zu drehen. Ein wagemutiger Kopfsprung vom Dreimeterturm wurde ebenfalls mit einer „Eins" belohnt. Meinen damaligen Entschluss, nie wieder einen solchen Sprung zu vollführen, habe ich durchgehalten. Im Zeitschwimmen musste ich mich mit einer „Drei" begnügen. In der Summe konnte ich mich über eine „Zwei" für Schwimmen und eine Gesamtnote „Zwei" im Fach Sport freuen.

Der Schulweg, also der Weg von zu Hause zur Schule und zurück, war ein ganz wesentlicher Bestandteil unseres schulischen Lebens. Gemeinhin hatte ich rund anderthalb Kilometer in jeder Richtung zurückzulegen, in einem Schuljahr sogar mehr als drei Kilometer. Man ging zu Fuß und unterhielt sich. Kaum ein Schüler hatte ein Fahrrad. Der öffentliche Personennahverkehr fuhr viel zu selten. Im Auto von Eltern zur Schule gebracht zu werden, war verpönt, zumal nur wenige Eltern ein Auto besaßen.

Die Gespräche, die wir auf dem Schulweg führten, trugen sicherlich zur Meinungsbildung und zur Entwicklung der Persönlichkeit bei. An eines der diskutierten Themen erinnere ich mich. Der plötzliche Tod von Josef Stalin am 5. 3. 1953 warf verschiedene Fragen auf, die wir nicht klären konnten. Wir stimmten aber darin überein, dass sich das Todesdatum für das Fach Gegenwartskunde gut merken ließe.

12
Das Medizinstudium

Von der Hochschulreife, die mir die Oberschule bescheinigt hatte, machte ich umgehend Gebrauch. Ich erfüllte mir meinen Studienwunsch und bewarb mich für das Studium der Medizin. Mich motivierte die Zielvorstellung, einmal kranken Mitmenschen helfen zu können, auch wenn das womöglich banal erscheint. Da ich nur spärliche medizinische Vorkenntnisse hatte, begab ich mich allerdings auf ein ungewohntes Terrain. Zu meiner Entscheidung trug außerdem bei, dass Ärzte in der Bevölkerung eine ganz gute Anerkennung genossen und der Arztberuf in jenen Tagen weniger als andere Berufe unter politisch-ideologischem Einfluss stand. Die Parteifunktionäre schätzten für gewöhnlich medizinische Kompetenz höher ein als politische Übereinstimmung. Man wusste ja nie, ob man nicht irgendwann einmal selbst krank werden würde und dann ärztliche Hilfe benötigte.

Ich wurde zum Medizinstudium zugelassen, ohne die Kriterien zu kennen, die die Hochschule für die Studienzulassung berücksichtigte. Es ist anzunehmen, dass in erster Linie das Abiturzeugnis eine Rolle spielte. Sehr gute und gute Leistungen waren namentlich in naturwissenschaftlichen Fächern gefragt. Wie ich später feststellte, musste man nicht unbedingt ein ausgezeichnetes oder ein sehr gutes Abitur abgelegt haben, um zum Medizinstudium angenommen zu werden, weil neben der schulischen Leistung auch ideologisch begründete Merkmale in Betracht gezogen wurden.

Generell war man gehalten, die Kinder von Arbeitern und Bauern zu fördern. Im Falle des Medizinstudiums nahm man das besonders ernst, weil die gegenwärtige Ärztegeneration als viel zu konservativ eingeschätzt wurde. Man wollte „fortschrittlichere" Ärzte heranbilden. Arbeiterkinder fand man mehr unter den Bewerbern als Bauernkinder. Ich denke, dass meine Eigenschaft, ein Bauernkind zu sein, für meine Zulassung zum Medizinstudium nicht ohne Belang war. Im Falle meiner Zulassung zur Oberschule hatte ich die gleiche Vermutung gehabt. Der Forderung, Arbeiter- und Bauernkinder zu bevorzugen, verlieh man unterdessen sogar noch mehr Nachdruck.

Den Entschluss, Medizin zu studieren, habe ich nie bereut. Ich kenne kein anderes Studium, das so vielseitig ist. Die Medizin ist keine homogene Wissenschaft, sie besteht aus vielen Fachgebieten. Das Medizinstudium kann verständlicherweise nur das Grundlagenwissen der unterschiedlichen medizinischen Fachgebiete vermitteln. Spezielle medizinische Fachkenntnisse erwirbt man erst nach dem Medizinstudium in einer mehrjährigen Facharztweiterbildung. Persönliche Interessen und Vorlieben entscheiden meist, welche Facharztweiterbildung man wählt. Daneben können andere Faktoren ausschlaggebend sein, wie zum Beispiel das Angebot an Weiterbildungsstellen.

Man kann die Medizin grob in vorklinische und klinische oder auch in theoretische und praktische Fachgebiete unterteilen. Mögliche Tätigkeitsfelder eines Arztes sind Patientenbetreuung, Forschung und Lehre. Die meisten Ärzte betätigen sich in der ambulanten und klinisch-stationären Betreuung von Patienten. Dabei können operative oder nichtoperative Behandlungsverfahren im Vordergrund stehen. Vornehmlich an den Hochschulkliniken ist die Patientenbetreuung eng mit Forschung und Lehre verknüpft. Andere Fachgebiete der Medizin erbringen zum Beispiel Zusatzleistungen für die Patientenbetreuung, untersuchen Verstorbene oder befassen sich vor allem mit Forschungsarbeiten in Laboratorien. Diese Fächer sind gleichermaßen an der akademischen Lehre beteiligt.

Zu Beginn des Studiums wurde jeder Student einer Seminargruppe zugeteilt, die ungefähr zwanzig Studierende vereinte. In der Regel blieb die Gruppe bis Studienende beisammen. Die ersten vier Semester bildeten den vorklinischen Teil des Medizinstudiums, den die Ärztliche Vorprüfung, das sogenannte Physikum, abschloss.

Im ersten Jahr wurden die Grundlagen von Biologie, Chemie und Physik behandelt, wobei man Wert auf Bezüge zur Medizin legte. Hier waren die Studenten im Vorteil, die in der Oberschule den naturwissenschaftlichen Zweig belegt hatten.

Die Anatomie, die Lehre vom Bau des gesunden menschlichen Körpers, stellte einen medizinischen Schwerpunkt der vorklinischen Ausbildung dar. Die anatomischen Teilgebiete Histologie (Lehre von den Geweben des menschlichen Körpers) und Embryologie (Lehre von der Entwicklung des menschlichen Embryos) unterrichtete man separat.

Der Präparierkurs, der sich über zwei Semester erstreckte, stellte für uns Studenten eine besondere Herausforderung dar. Auf den Tischen des Präpariersaales lagen chemisch konservierte Körper von sogenannten Ganzkörperspendern, von Menschen, die sich vor ihrem Ableben der anatomischen Forschung und Lehre zur Verfügung gestellt hatten. Jedem Leichnam wurde eine Gruppe von Studenten zugeteilt. Nach einem festen Plan hatten wir Muskeln, Knochen und auch weitere Teile des menschlichen Körpers unter Anleitung durch wissenschaftliche Mitarbeiter freizulegen. Damit einher gingen strenge Leistungskontrollen.

Im zweiten Studienjahr traten neben die Anatomie, die den Körperbau des gesunden Menschen zum Inhalt hatte, zwei medizinische Fächer, die die Funktionen des Körpers des gesunden Menschen beschrieben. Es waren die Physiologie, die sich insbesondere den physikalischen Körperfunktionen widmet, und die Physiologische Chemie, die die Körperfunktionen mit chemischen Methoden untersucht. Der vorklinische Studienteil umfasste außerdem einen Verbandskurs in einem Semester, Lateinunterricht in einem Semester, Sportunterricht in zwei Semestern sowie Russischunterricht und Unterweisungen in Marxismus-Leninismus (studentisches Kürzel ML) über die gesamte Zeit.

Das obligate Krankenpflege-Praktikum leistete ich in den Ferien nach dem ersten Studienjahr in einem Kreiskrankenhaus ab. Ich hatte dort ausgiebig Gelegenheit, meine pflegerischen Kenntnisse und Fertigkeiten zu erweitern.

Erinnern kann ich mich an eine Blutübertragung von Patient zu Patient, die uns Famulanten, also uns Studenten im Praktikum, demonstriert wurde. Die Betten von zwei Patienten standen nebeneinander. Mit Hilfe eines Schlauch-Spritzen-Systems wurde eine bestimmte Blutmenge dem einen Patienten entnommen und dem anderen sogleich zugeführt. Das war im Sommer 1955. Die Medizin insgesamt und speziell die Verfahren der Bluttransfusion haben sich seitdem selbstverständlich enorm weiterentwickelt.

Während des ersten und des zweiten Studienjahres fragte sich so mancher Medizinstudent, ob sein Studium das richtige für ihn sei. Das Lehrprogramm erfüllte nicht alle Erwartungen an das Medizinstudium, die er früher einmal hatte. Viele naturwissenschaftliche Fakten, die er lernte, wiederholten sich aus der Oberschulzeit. Fast ausnahmslos befasste man sich mit dem gesunden Menschen. Lediglich der Verbandskurs und das auswärtige Krankenpflege-Praktikum hatten mit Kranken zu tun. Den Verbandskurs empfand man zudem als deplatziert, weil die Krankheiten, bei denen Verbände angezeigt sind, noch gar nicht durchgenommen worden waren. Obendrein erlebte man das Studium als ausgesprochen lernintensiv.

In der Ärztlichen Vorprüfung verhielten sich die Prüfer besonders unnachsichtig. Sie meinten, zu diesem Zeitpunkt sei es noch zu vertreten, Studenten, die für den Arztberuf eher nicht geeignet erschienen, „herauszuprüfen", später ginge es kaum noch. Tatsächlich kenne ich keinen Mitstudenten, der im weiteren Studienverlauf scheiterte.

Nach der Ärztlichen Vorprüfung traf unerwartet die

Anweisung ein, von der Universität an eine medizinische Hochschule zu wechseln, deren Gründung noch nicht lange zurücklag. Die neue medizinische Hochschule bot zu jener Zeit nur den klinischen Ausbildungsteil an und benötigte vorklinische Absolventen von den Universitäten. Der Hochschulwechsel richtete sich nach der geografischen Lage des Heimatortes.

Der Reiz des Neuen verdrängte jedoch bald meinen Unmut über die Abkommandierung. In den neu aufgestellten Seminargruppen fanden sich Studenten aus verschiedenen Universitäten zusammen. Die erst jüngst berufenen Professoren hatten ein deutlich entspannteres Verhältnis zu den Studenten als die Professoren an der altehrwürdigen Universität. Höchst erfreulich für mich war, dass ich die Abschlussprüfung im Sportunterricht umging. Diese Prüfung, die eigentlich nach dem vierten Semester anstand, hatte man allein an meinem alten Studienort um ein Semester weiter nach vorn verlegt. Am neuen Studienort entfiel Sport. Auch die Russischprüfung musste ich nicht machen. Unter dem Eindruck des ungarischen Volksaufstandes, der im Oktober 1956 mit Studentendemonstrationen begann, stellte man den Russischunterricht samt Examina an allen ostdeutschen Hochschulen ein.

Im klinischen Teil des Studiums war eine stattliche Anzahl an Lehrfächern zu bewältigen. Im dritten Studienjahr unterrichteten einige Fachgebiete besondere Grundlagen der Krankenbehandlung. Die Pathologie schilderte krankhafte Veränderungen in den Strukturen von Organen und Geweben. Die Pathophysiologie legte krankhafte Veränderungen von Körperfunktionen dar. Die Bakteriologie systematisierte die Erreger von Infektionen und führte in den praktischen Nachweis von Erregern ein. Die Pharmakologie besprach die Wirkungen der Arzneimittel. Die Röntgendiagnostik sowie klinische Laboruntersuchungen waren ebenso Thema wie die wichtige psychologische Führung des Patienten. Die großen klinischen Fächer Innere Medizin, Chirurgie und Frauenheilkunde plus Geburtshilfe beschränkten sich auf einführende Lehrveranstaltungen, verbunden mit internistischen und frauenärztlichen Untersuchungskursen. Wer wollte, konnte Englisch lernen. Die Ausbildung in Marxismus-Leninismus lief in diesem Studienjahr aus.

Schwerpunkt des vierten Studienjahres waren die Hauptvorlesungen in Innerer Medizin, Chirurgie, Unfallchirurgie, Urologie, Orthopädie und Frauenheilkunde nebst Geburtshilfe sowie in Neurologie und Psychiatrie, dem damals noch gemeinsamen Fachgebiet für Nervenkrankheiten und psychische Störungen. Hinzu traten Vorlesungen über internistische und physikalische Behandlungen und über Strahlenheilkunde, ein Kurs über Elektrokardiografie, ein chirurgischer und ein geburtshilflicher Operationskurs sowie ein neurologischer Untersuchungskurs. Einführende Lehrveranstaltungen betrafen die Kinderheilkunde und die Zahnheilkunde. Die Pathologie bot einen pathologisch-histologischen Kurs an. Im Rezeptierkurs ging es um die praktische Anwendung von Arzeimitteln. Des Weiteren wurden Allgemeine Hygiene und Arbeitshygiene gelehrt.

Im fünften Studienjahr schlossen die Fächer Innere Medizin und Chirurgie mit der Erörterung ambulant zu behandelnder Krankheiten ab. Im Vordergrund standen die Hauptvorlesungen über die bedeutendsten Kinder-, Haut-, Augen- und Hals-Nasen-Ohren-Krankheiten, vervollständigt durch Demonstrations- und Untersuchungskurse. Die Narkoseärzte und die Rechtsmediziner stellten ihre Fächer vor. Das Fachgebiet Pathologie veranstaltete einen Sektionskurs, einen pathologischen Demonstrationskurs und eine Vorlesung über Kinderpathologie. Die Hygienefächer trugen mit einer Vorlesung über Sozialhygiene, einem Seminar über allgemeine Hygiene, einem serologischen Seminar und dem Impfkurs zur akademischen Lehre bei. Ein geburtshilfliches Kolloquium und eine Vorlesung über ausgewählte Kapitel der Pharmakologie dienten mehr der Stoffwiederholung. Eine Vorlesung informierte über die Medizinische Statistik.

Praktische Erfahrungen sammelte ich im Verlauf der klinischen Ausbildung nicht nur in den Untersuchungs- und Demonstrationskursen. In den klinischen Hauptvorlesungen wurden in der Regel Patienten vorgestellt, die an den besprochenen Krankheiten litten. Der Vortragende bat meist mehrere Studenten aus dem Auditorium darum, die vorgestellten Patienten zu befragen und, wenn möglich, zu untersuchen. Ich kam mehrmals dran.

Darüber hinaus waren noch sechs Berufspraktika vorgeschrieben. In den Jahren 1957 und 1958 absolvierte ich zwei Praktika in Innerer Medizin und je ein Praktikum in Chirurgie, Gynäkologie, Pathologie und vorbeugendem Gesundheitsschutz. Art, Ort und Zeit des Praktikums musste man jeweils selbst organisieren. Auf diese Weise entstanden flankierende Reiseeindrücke, zum Beispiel an der Ostsee und in Berlin, dessen Westteil noch frei zugänglich war.

Die Ärztliche Prüfung stellte eine qualvolle Belastung dar, die sich über fünf Monate hinzog, in meinem Fall von Anfang Juli 1959 bis Anfang Dezember 1959. Jeweils vier Studenten bildeten eine Prüfungsgruppe während der gesamten Prüfungszeit. Die Prüfung umfasste 15 Fachgebiete. Sie erfolgte generell mündlich. Wenn eine Prüfung am Krankenbett stattfand, hatte der Prüfling den Patienten vorher zu befragen und zu untersuchen sowie die Befunde zu protokollieren. In den sogenannten großen klinischen Fächern Innere Medizin, Chirurgie und Frauenheilkunde nahmen zwei Prüfer getrennt voneinander die Examina ab, die sich in jedem dieser Fächer über mehrere Tage erstreckten. Die anderen Fächer beließen es bei einem Prüfer.

Die Abstände zwischen den zentral abgeglichenen Prüfungsterminen betrugen schlimmstenfalls wenige Tage bis mitunter mehrere Wochen. Eine kurze Pause erschwerte natürlich die Vorbereitung auf die nächste Prüfung. In diesem Fall war es gut, schon vor der Prüfungsperiode gebüffelt zu haben. Fast immer reichte selbst eine gute Vorlesungsmitschrift für die Vorbereitung einer Prüfung nicht aus, sie verdeutlichte bestenfalls die Vorlieben des Prüfers. Meistens blieb nichts anderes übrig, als ein einschlägiges Lehrbuch komplett durchzuarbeiten und dabei Schwerpunkte zu setzen. Ganze Kapitel auszulassen, wie es manche Studenten taten, war ein nicht zu vertretendes Risiko.

Unsere Prüfungsgruppe suchte gleich nach dem gelungenen Abschluss der allerletzten Prüfung ein renommiertes Restaurant auf und gönnte sich verdientermaßen ein opulentes Abschlussessen.

Auf die bestandene Ärztliche Prüfung folgte die einjährige Pflichtassistenz, in der man schon ein bescheidenes Gehalt bezog, aber noch nicht selbstständig tätig sein durfte. Erst danach konnte man die ärztliche Approbation, die staatliche Zulassung zur selbstständigen Ausübung des Arztberufes, beantragen. Es gab die Teilapprobation, die nur für die theoretischen Fachgebiete der Medizin galt, und die Vollapprobation, die sich auf alle medizinischen Fachgebiete bezog und für die ich mich entschied. Voraussetzung für die Vollapprobation war, entweder je vier Monate lang in der Inneren Medizin, der Chirurgie und einem Wahlfach oder je sechs Monate lang in der Inneren Medizin und der Chirurgie unter Anleitung tätig zu sein. Ich wählte die zweite Variante. Jahre später schlug man die Pflichtassistenz dem Medizinstudium als sechstes Studienjahr zu.

Im Februar 1960 fing ich an, als Pflichtassistent zu arbeiten. Damit hatte ich die Auszeit, die man nach der Ärztlichen Prüfung nehmen durfte, voll ausgeschöpft. Ich brauchte diese Zeit, um meine Doktorarbeit abzuschließen und einzureichen. Wie in der Medizin üblich, hatte ich mich schon als Student um ein Promotionsthema bemüht. Im Fachgebiet Pharmakologie und Toxikologie führte ich eine experimentelle Untersuchung durch. Nachdem ich die nötige mündliche Doktorprüfung mit „Sehr gut" bestanden hatte, verlieh man mir im März 1960 die Würde eines Doktors der Medizin. Zu diesem Zeitpunkt war ich 23 Jahre alt.

Während der Pflichtassistenz, die ich in zwei Kliniken

der Hochschule absolvierte, sammelte ich entscheidende klinische Erfahrungen. Im Februar 1961, mit 24 Jahren, erhielt ich die Approbation als Arzt.

13
Der Mauerbau

Als am 13. August 1961 die Mauer in Berlin errichtet wurde und die Deutsche Demokratische Republik sich so vollends gen Westen abschottete, befand ich mich gerade in der Bundesrepublik Deutschland. Das hatte sich wie folgt ergeben.

Meine Großeltern Georg und Berta waren 1944 mit uns aus Ostpreußen ins Anhaltische geflüchtet und mehrere Jahre später nach Westdeutschland weitergereist. Seitdem besuchten sie alljährlich meine Eltern. Inzwischen war Opa Georg 81 Jahre und Oma Berta 75 Jahre alt.

Nachdem ich meine Pflichtassistenz beendet hatte, setzte ich die Tätigkeit an der Hochschule fort, nunmehr im Fachgebiet Pharmakologie und Toxikologie. Mein Jahresurlaub für 1961 war noch nicht verplant. Da kam mir der Gedanke, dass es doch angebracht und hilfreich wäre, meine schon etwas gebrechlichen Großeltern, die gerade wieder meine Eltern besuchten, auf ihrer Bahnrückreise nach Hause zu begleiten. Um die höchstmögliche Reisezeit, die vier Wochen betrug, auch voll auszuschöpfen, könnte ich ja anschließend noch ein paar Verwandte in Westdeutschland aufsuchen.

Ich stellte kühn den Reiseantrag bei der Hochschulverwaltung, hielt ihn aber für weiter nichts als einen aussichtslosen Versuch. Mit einem positiven Bescheid wagte ich nicht zu rechnen. Doch das Wunder geschah. Ich durfte fahren. Warum man die Reise genehmigte, blieb unklar. Wollten sie mich loswerden? Wollten sie mich testen? Rechneten sie fest mit meiner Rückkehr? Es ist anzunehmen, dass die Hochschulverwaltung höchstwahrscheinlich nicht ohne die Zustimmung des Staatssicherheitsdienstes und der Sozialistischen Einheitspartei Deutschlands handelte. Offenbar waren die Entscheider in der Peripherie noch nicht über den Berliner Mauerbau informiert worden, der unmittelbar bevorstand.

Ich begleitete meine Großeltern in einem sogenannten Interzonenzug. Auf der ostdeutschen Seite der innerdeutschen Grenze musste man eine Reihe kleinlicher Personen- und Gepäckkontrollen über sich ergehen lassen. Die reichlich verbissen dreinschauenden Kontrolleure nervten. Auf der westdeutschen Seite der Grenze ging es demgegenüber wohltuend lockerer zu. Ich blieb eine Woche bei meinen Großeltern und lernte auch ihr Wohnumfeld kennen. Mit einem Ticket der Bundesbahn für ostdeutsche Besucher reiste ich weiter zu anderen Verwandten.

In Ostpreußen, wo ich herstamme, wohnten beeindruckend viele Verwandte von mir. Die Flucht aus Ostpreußen verschlug die Mehrzahl von ihnen nach Westdeutschland, entweder gleich oder nach einem Zwischenaufenthalt in ostdeutschen Regionen. Allein innerhalb meiner Generation lebten rund zwanzig Cousinen und Cousins in der Bundesrepublik. Hinzu kamen deren zahlreiche ältere und jüngere Angehörige. In beinahe jeder größeren westdeutschen Stadt war jemand anzutreffen, der zu meiner näheren oder entfernteren Verwandtschaft gehörte.

Meine Besuchsreise beschränkte ich auf wenige Stationen, da die verfügbare Zeit doch recht knapp war. Zuerst fuhr ich in den westlichen Teil des Harzes. Das Haus der Familie einer Cousine gestattete einen imposanten Blick auf den Brocken, der sich von dort aus gesehen jenseits der Grenze erhob.

Am Morgen des 13. August 1961 hörte ich im Radio die sensationelle Nachricht, dass man in Berlin eine Mauer baue, um den Ostteil der Stadt gegen den Westteil hermetisch abzuriegeln. Ich kam nicht umhin, mich zu entscheiden, ob ich für immer in der Bundesrepublik Deutschland bleibe oder ob ich wieder nach Hause fahre. Schnell stand für mich fest, dass ich meine Reise wie geplant fortsetze und dann nach Ostdeutschland zurückkehre, nachdem ich zwei Szenarien gegeneinander abgewogen hatte.

Bliebe ich im Westen, hätte ich voraussichtlich keine beruflichen Probleme, müsste mich aber in ein gänzlich ungewohntes Milieu einleben. Auf der anderen Seite bekäme meine Familie im Osten auf jeden Fall Probleme, die man noch gar nicht abschätzen konnte. Meine vier Geschwister standen in der Ausbildung, einer meiner beiden Brüder studierte Architektur. Führe ich zurück, hätte ich wahrscheinlich auch keine beruflichen Probleme. Diese Option gefiel mir mehr.

Ich hielt meinen Zeitplan ein und besuchte weitere Verwandte in Nordrhein-Westfalen und Baden-Württemberg. Auf kurzen Ausflügen, zu denen man mich einlud, lernte ich ein wenig die Niederlande und den Schwarzwald kennen. Schließlich fuhr ich mit der Bahn wieder nach Hause. Als ich die deutsch-deutsche Grenze nun in der Gegenrichtung passierte, begegnete ich abermals den unfreundlichen ostdeutschen Kontrolleuren, für die es offenbar völlig selbstverständlich war, dass ich zurückkam. Meine Familie empfing mich mit großer Freude. Nur einige Bekannte und Arbeitskollegen schlugen die Hände über dem Kopf zusammen. Sie beanstandeten, dass ich eine sichere Chance „abzuhauen" ohne Not vertan habe.

Damals konnte ich es mir nicht vorstellen, dass meine nächste Westreise noch fast 26 Jahre auf sich warten ließ.

14
Die Innere Medizin

Nachdem ich meine Pflichtassistenz beendet hatte, musste ich mich für eine Facharztweiterbildung entscheiden, die ich anfügte. Man erwartete von jedem approbierten Arzt, dass er sich zu einem Facharzt weiterbildete. Die Höhe der Vergütung hing davon ab.

Die Assistenzärzte, das waren die approbierten Ärzte ohne Facharztanerkennung, erhielten in allen Fachgebieten das gleiche Gehalt, abgesehen von möglichen Zusatzvergütungen zum Beispiel für ärztliche Bereitschaftsdienste. Erst die Facharztanerkennung brachte eine Erhöhung der Bezüge.

Die Weiterbildung zum Facharzt dauerte normalerweise fünf Jahre. Sie betraf alle medizinischen Fachgebiete in gleicher Weise, auch die Allgemeinmedizin und die theoretischen Fächer wie zum Beispiel Anatomie, Bakteriologie und Pharmakologie. Dieses einheitliche Vorgehen hatte sich aus meiner Sicht gut bewährt.

Anfänglich wusste ich nicht, welche Fachrichtung ich einschlagen sollte. Ich liebäugelte mit der Inneren Medizin oder einem anderen nichtoperativen Fach. Die operativen Fächer lagen mir nicht so, obwohl ich auf erfreulich viele Erfolgserlebnisse während meiner halbjährigen Pflichtassistenz in der ambulanten Chirurgie zurückblicken konnte. Letztlich hielt ich mich an den aktuellen Trend, vor dem Beginn einer klinischen Weiterbildung erst einmal ein Jahr lang in einem theoretischen Fach zu arbeiten. Dieses Jahr ließ sich später für die klinische Weiterbildung anrechnen.

Als theoretisches Fachgebiet wählte ich die Pharmakologie. In diesem Fach hatte ich als einziger Student meines Studienjahres die Doktorarbeit angefertigt und dadurch bereits fachspezifische Erfahrungen gemacht. Eine Stelle war frei. Ich erhielt sie und fing im Februar 1961 an.

Das Fachgebiet heißt korrekt Pharmakologie und Toxikologie. Es widmet sich den Wirkungen der Arzeistoffe und der Giftstoffe. Die Forschungsarbeiten im Laboratorium waren sehr interessant und mündeten ein in mehrere wissenschaftliche Veröffentlichungen. Das kollegiale Umfeld stimmte. Dennoch merkte ich im Laufe der Zeit, dass die hauptsächlich tierexperimentell ausgerichtete Labortätigkeit meinen langfristigen beruflichen Vorstellungen nicht entsprach.

Mit großem Interesse verfolgte ich die international gerade angelaufene Entwicklung eines neuen Spezialgebietes, der sogenannten Klinischen Pharmakologie. Dieses erst im Entstehen begriffene pharmakologische Arbeitsgebiet, das den Menschen unmittelbar einbezog, sagte mir sehr zu. Noch war es nicht klar, ob die Klinische Pharmakologie vorrangig von pharmakologischer oder eher von klinischer Seite aus zu betreiben sei.

Ich zog es vor, innerhalb einer großen klinischen Fachdisziplin in die Klinische Pharmakologie einzusteigen. Um dieses noch etwas fiktive Vorhaben umzusetzen und auf jeden Fall meine klinischen Erfahrungen zu erweitern, entschloss ich mich zur Facharztweiterbildung in Innerer Medizin. Es war ein Glücksfall, dass ein Professor für Innere Medizin, der eine größere Klinik in Mecklenburg-Vorpommern leitete, ebenfalls starkes Interesse an der Klinischen Pharmakologie hatte. Bei ihm bewarb ich mich um eine Fortbildungsstelle. Dank meiner pharmakologischen Vorbildung wurde ich gern genommen. Im September 1963 brach ich nach 31 Monaten meine Tätigkeit im Fachgebiet Pharmakologie und Toxikologie auf eigenen Wunsch ab und ging an die Klinik für Innere Medizin.

Die ärztliche Tätigkeit am Patienten unterschied sich verständlicherweise erheblich von der reinen Forschungsarbeit im Labor. Der Übergang gelang mir erstaunlich glatt. Ich musste aber feststellen, dass die Entwicklung der Inneren Medizin seit meiner Pflichtassistentenzeit nicht stehen geblieben war. Zum Beispiel waren bestimmte diagnostische Blutuntersuchungen, die ich noch gar nicht kannte, längst gang und gäbe.

Die Klinik lag ganz im Grünen und bestand aus mehreren Altbauten, die meist zweigeschossig waren. Wie üblich, repräsentierten die einzelnen Stationen der Klinik im Wesentlichen die verschiedenen Teilgebiete der Inneren Medizin.

Als Assistenzarzt in Weiterbildung wollte und sollte ich, wenn es ging, die gesamte Innere Medizin kennenlernen. Von Beginn an war ich voll eingebunden in den ärztlichen Alltag mitsamt allen Besprechungen sowie den üblichen Nachtdiensten, Wochenenddiensten und Feiertagsdiensten. Ich leitete nacheinander verschiedene

Stationen als Stationsarzt. Fachlichen Beistand leistete jeweils der zuständige Oberarzt, der im Allgemeinen einmal pro Woche Visite machte. Die Chefarztvisite fand seltener statt. Sie half bei kniffligen Fällen, erfüllte aber vornehmlich den Zweck, dem Chefarzt die Patienten vorzustellen, die sich auf der betreffenden Station befanden. Mitunter erhielt der Stationsarzt Unterstützung durch einen zweiten Arzt oder durch einen Medizinstudenten im Praktikum. Infektionskrankheiten traten damals häufiger als heute auf, sodass die Klinik zwei Isolierstationen vorzuweisen hatte. Nicht selten waren Schutzimpfungen wie zum Beispiel gegen Tollwut durchzuführen.

Ein Jahr lang trug ich die Verantwortung für die Aufnahmestation, die eine Besonderheit der Klinik darstellte. Alle eingewiesenen Patienten landeten zunächst auf dieser Station. Erste diagnostische Untersuchungen ergaben, ob die Verlegung auf eine Spezialstation erforderlich war. Handelte es sich um leichte oder schnell zu klärende Krankheitsfälle, unterblieb die Verlegung. Der Stationsarzt der Aufnahmestation war begreiflicherweise vielen Leuten in der Stadt bekannt, geradezu „wie ein bunter Hund". Auf der anderen Seite vermittelte diese Funktion stets eine aktuelle Übersicht über die inneren Erkrankungen, die im Einzugsgebiet der Klinik vorkamen.

Außerdienstlich veranstalteten die Stationsmitarbeiter ab und zu ein geselliges Beisammensein in einer Gaststätte. Nach einem solchen Treffen fuhr ich artig meine Stationsschwester nach Hause. Mit meinem Motorroller, meinem ersten Motorfahrzeug, stürzten wir auf regennasser Straße, ohne erkennbaren Grund und glücklicherweise bei nur geringem Tempo. Die Stationsschwester kam mit dem Schrecken davon. Ich zog mir eine tiefe Wunde am rechten Fuß zu, die chirurgisch versorgt werden musste. Die behandelnden Chirurgen gestatteten mir, die Verletzung ambulant zu Hause auszukurieren und Kontrolltermine mit einem Krankenwagen wahrzunehmen. Der Unfall hatte die gute Seite, dass ich die Olympischen Sommerspiele, die 1964 Tokio ausrichtete, ununterbrochen im Fernsehen verfolgen konnte.

Zu meinen Aufgaben als Assistenzarzt gehörte es, Sprechstunden in der Fachambulanz der Klinik abzuhalten und röntgenologische Untersuchungstechniken zu erlernen. Ich beteiligte mich ferner an Fortbildungsveranstaltungen für Ärzte und war Sekretär einer zentralen Beratungskommission für Therapiefragen, die mein Chef leitete. Bei mehreren wissenschaftlichen Veröffentlichungen war ich Mitautor. Eine davon beschäftigte sich mit konzeptionellen Beziehungen zwischen Innerer Medizin und Klinischer Pharmakologie. Sie war meines Wissens die erste ihrer Art im deutschsprachigen Raum.

Im Frühjahr 1967 erfüllte ich die letzten Anforderungen der Weiterbildung zum Facharzt für Innere Medizin. Ich zog Nutzen daraus, dass vorausgegangene Tätigkeiten in bestimmten anderen Fachgebieten angerechnet werden konnten. Das Fachgebiet Pharmakologie und Toxikologie fiel darunter. Im Mai 1967 schloss ich mit dem Facharztkolloquium, das eine Fachkommission abnahm, meine Weiterbildung zum Facharzt für Innere Medizin erfolgreich ab. Die Facharztanerkennung für Innere Medizin erhielt ich ab Mai 1967.

Das Facharztkolloquium war für die anderen Kolleginnen und Kollegen, die daran teilnahmen, der Schlusspunkt ihrer ärztlichen Weiterbildung. Sie übernahmen anschließend zumeist verantwortliche Positionen in ambulanten oder klinisch-stationären Einrichtungen der Inneren Medizin.

Meinen ursprünglichen Plan, mich in einer Klinik auf Klinische Pharmakologie zu spezialisieren, konnte ich nur zum Teil in die Tat umsetzen. Das lag vor allem an einem Chefarztwechsel, der dem Anschein nach politisch begründet war. Auf der anderen Seite hatten derweil die leitenden Pharmakologen, die der Entwicklung der Klinischen Pharmakologie anfangs ausgesprochen abwartend und kritisch gegenübergestanden hatten, die Initiative ergriffen. Ansprüche von klinischen Fachgebieten wurden strikt abgewehrt. Man erklärte die Klinische Pharmakologie offiziell zu einem Spezialgebiet des Fachgebietes Pharmakologie und Toxikologie. An den Hochschulen wurden selbstständige Institute oder unselbstständige Abteilungen für Klinische Pharmakologie gegründet. Wer als Subspezialist für Klinische Pharmakologie anerkannt werden wollte, musste Facharzt für Pharmakologie und Toxikologie sein und eine Zeit lang klinisch-pharmakologisch gearbeitet haben.

Ich musste mir im Klaren darüber werden, ob ich einzig und allein in der Inneren Medizin meine berufliche Zukunft sah oder ob ich angesichts der neuen Rechtslage die einst abgebrochene Weiterbildung in Pharmakologie und Toxikologie bis zur Facharztanerkennung vervollständigte. Danach könnte ich mich ja neu orientieren.

Mir lag das Angebot vor, eine Abteilung für Klinische

Pharmakologie an einem pharmakologischen Universitäts-
institut aufzubauen. Ich sagte unter zwei Bedingungen zu.
Ich wollte unbedingt schon vor der Facharztanerkennung
für Pharmakologie und Toxikologie ausschließlich klinisch-pharmakologisch arbeiten, und ich strebte eine
Oberarztstelle an. Ende 1967 schied ich auf eigenen
Wunsch aus der Klinik aus.

15
Die Ehefrau

In der Mecklenburger Klinik für Innere Medizin, in der ich tätig war, fand ich meine Frau, meinen größten Schatz. Ursula, von Nahestehenden Uschi genannt, war seit 1965 Medizinisch-technische Assistentin an der Klinik.

Lange Zeit fiel sie mir unter den zahlreichen Damen, die in der Klinik arbeiteten, nicht auf. Mitarbeiter anderer Teilbereiche der Klinik traf man mehr oder weniger auch nur, wenn man das Klinikgelände durchquerte oder wenn man den Speisesaal zum mittäglichen Betriebsessen aufsuchte. Im Übrigen verließen die Medizinisch-technischen Assistentinnen nicht so oft das klinisch-chemische Laboratorium. Als diensthabender Arzt hatte ich hin und wieder mit der diensthabenden Laborassistentin telefonischen Kontakt, immer wenn es darum ging, Ergebnisse von Laboruntersuchungen möglichst rasch zu erfahren. Nach und nach entwickelte sich Ursula zum Star des Labors. Sie arbeitete zuverlässig und schnell. Das kam auch mir zu Ohren.

Im Herbst 1966 fand wie jedes Jahr das Betriebsfest der Klinik statt. In der Festzeitung waren die fünf Mitarbeiterinnen abgebildet, die man für die schönsten der Klinik hielt. Ursula gehörte dazu. Auf dem Fest fühlte ich mich spontan zu ihr hingezogen. Es war Liebe auf den ersten Blick. Ich wusste sofort: Sie ist die Richtige, sie wird meine Frau. Den ganzen Abend blieb ich in ihrer Nähe. Am nächsten Tag lud ich Ursula in ein namhaftes Restaurant zum Essen ein. Weil ich mit einem 50-Mark-Schein bezahlte, frotzelte Ursula, ich hätte wohl angeben wollen. Aber das stimmte nicht, ich hatte wirklich nur diesen einen Schein im Portemonnaie.

Ursula und ich passten charakterlich recht gut zusammen, wir meinten „wie zwei alte Latschen". Sie ist ausgesprochen kontaktfreudig, ich halte mich da schon eher zurück. Sie hat ein gesundes Selbstbewusstsein, ist liebevoll und mitfühlend.

Unsere Herkunft zeigt erstaunliche Parallelen. Wir mussten beide schon im Kindesalter aus deutschen Ostgebieten fliehen, sie aus Schlesien, ich aus Ostpreußen. Unsere Väter arbeiteten früher beide als Inspektoren auf großen landwirtschaftlichen Gütern. Beide Eltern waren zuletzt Genossenschaftsbauern. Beide sind wir Bauernkinder.

Ursulas Vater Ernst, Jahrgang 1900, habe ich nicht mehr kennengelernt. Er starb plötzlich im Alter von 66 Jahren. Hier gab es eine weitere Übereinstimmung. Mein Vater starb plötzlich mit 65 Jahren. Ursulas Vater hatte 1922 seine landwirtschaftliche Lehre beendet und dann eine landwirtschaftliche Schule besucht. Bis Januar 1945 war er auf Gütern in Schlesien angestellt. Er geriet, wie mein Vater auch, in sowjetische Gefangenschaft und ließ sich im Juni 1947 nach Mecklenburg entlassen, wo ein Schwager von ihm einen Bauernhof betrieb.

Ursula und ihre Mutter Agnes, Jahrgang 1912, durften

1945 Schlesien, das nun zu Polen gehörte, vorerst nicht verlassen. Sie blieben in Wartestellung im Heimatdorf von Agnes. Ursula besuchte in dem Dorf 1947 den polnischen Kindergarten und ab 1948 die polnische Schule. Im Herbst 1950, als Ursulas drittes Schuljahr schon begonnen hatte, erhielten Mutter und Tochter von den polnischen Behörden endlich die Erlaubnis, in die Deutsche Demokratische Republik auszureisen. Im März 1951 übernahmen Ursulas Eltern einen kleinen Bauernhof in Mecklenburg-Vorpommern. Ursula hatte die erlernte polnische Schriftsprache leider bald vergessen. Sie kann aber immer noch ganz gut polnisch sprechen, wie sich später bei Reisen nach Polen zeigte. Nach etwa zwei Tagen hat sie die polnische Sprache recht gut reaktiviert, sodass sie sich fließend verständigen kann. Ich stehe bei solchen Gesprächen daneben und bekomme nichts mit.

Nach unserer ersten Begegnung auf dem Betriebsfest traf ich mich mit Ursula so oft es ging. Von Vorteil war, dass Ursula in derselben Straße wohnte wie ich, sogar im Haus schräg gegenüber. Gemeinsam unternahmen wir kleinere und auch größere Ausflüge in die landschaftlich attraktive Umgebung, zuerst mit meinem Motorroller, später mit meinem Auto. Mein erstes Auto war ein gebrauchtes Wartburg-Coupé, das wir beide sehr schön fanden. Kurzum, wir wurden ein Paar.

So behutsam wie möglich eröffnete ich Ursula meinen festen Entschluss, Ende 1967 die Klinik zu verlassen. Sie war, wie zu erwarten, nicht sehr erbaut darüber, versuchte aber auch nicht, mich von meinem Vorhaben abzubringen. Wir schmiedeten einen Plan. Im nächsten Jahr wollten wir heiraten, in der Stadt, in der wir uns kennengelernt hatten. Dann zöge Ursula zu mir.

Nach dem Weggang behielt ich mein möbliertes Domizil vor Ort. Meine Wohnanschrift verwandelte sich in meine Heimatadresse, zu meinem regulären Stützpunkt, wenn ich Ursula besuchte. So konnte ich die verbilligte Arbeiterrückfahrkarte der Reichsbahn, ein Angebot für Bahnfahrten zwischen Arbeitsort und Heimatort, in Anspruch nehmen. Mein formales Verbleiben als Untermieter verhalf außerdem meiner Wirtin dazu, beim anstehenden Umzug eine größere Wohnung zu bekommen. Wenn ich zum Wochenendbesuch das Auto nahm, erreichte ich Ursula erst zu später Stunde. Noch kannte man kein arbeitsfreies Wochenende, die Arbeitswoche endete erst Sonnabendmittag.

Im September 1968 heirateten wir. Ursula und ich hatten Urlaub genommen, die Arbeitskollegen aber nicht eingeweiht. Auf einen Polterabend verzichteten wir. Am Vorabend kam ich wieder spät mit dem Auto bei Ursula an. Für unsere zahlreichen Verwandten und Bekannten hatte ich Karten drucken lassen, um unsere Hochzeit anzuzeigen. Wir hatten Mühe, die vielen Briefe mit Anschriften zu versehen.

Am Hochzeitstag fuhr ich selbst mit dem Auto am Standesamt vor. Ursula trug ein bezauberndes weißes Hochzeitsminikleid. Ich war im schwarzen Anzug. Ursulas Lieblingsonkel Franz und seine junge Lebensgefährtin Inge wohnten der Trauungszeremonie bei. Sie wollten demnächst selbst heiraten und schon mal sehen, was sie auf dem Standesamt erwartet. Von dem Standesamt fuhren wir mit dem Auto zu Ursulas Mutter, die mehr als einhundert Kilometer entfernt wohnte. Am Stadtrand nahm ein Briefkasten die vielen Hochzeitsanzeigen auf.

Kurz vor dem Ziel unterbrachen wir unsere Fahrt für einen Fototermin. Ich hielt mit dem Auto vor dem Fotostudio und hatte in der Aufregung übersehen, dass dort Parkverbot bestand. Wenn man ihn nicht braucht, kommt natürlich gleich ein Polizist um die Ecke. Er wollte uns gerade belehren, dass wir dort nicht parken dürften, als er unser Hochzeitsoutfit bemerkte. In unserer Situation gestatte er uns natürlich das Parken, erklärte er. Käme noch ein anderer Polizist vorbei, sollten wir uns auf ihn, den Hauptwachmeister Soundso, berufen. Sein entgegenkommendes Verhalten beeindruckte uns. Die Hochzeitsbilder gerieten sehr gut. Der Fotograf fand sie so außergewöhnlich, dass er jahrelang in seinem Schaufenster mit ihnen warb.

Im Dezember 1968, nach zwei Hochzeitsfeiern in Familie und einer zweiwöchigen Flugreise ins rumänische Siebenbürgen, zog Ursula zu mir. Auf der Hochzeitsreise in Rumänien begann bei einer Bergbesteigung mein linkes Kniegelenk plötzlich stark zu schmerzen, sodass ich den Berg nicht mehr hinabsteigen konnte, ohne mich auf meine frisch angetraute Frau zu stützen. Die Beschwerden klangen zum Glück bald ab.

Anfang 1969 nahm Ursula ihre berufliche Tätigkeit als Medizinisch-technische Assistentin an einer Universitätsklinik für Innere Medizin auf. Von Juli 1970 bis Ende 1975 pausierte sie zuliebe unserer beiden Kinder. Unsere Tochter Cordula war im Juni 1969, unser Sohn Markus im Juli 1972 geboren worden. Von 1976 bis 1993 musste sich Ursula mit einer Teilzeitstelle begnügen. Von 1994 bis 2002 war wieder eine Vollbeschäftigung möglich. Ursula war in dieser Zeit für ein gastroenterologisches Funktionslabor verantwortlich. Eine Zusatzausbildung zur Medizinisch-technischen Fachassistentin für Klinische Chemie, an der sie von 1976 bis 1978 freiwillig teilnahm, schloss sie mit der Note „Sehr gut" ab. Ende 2002 verabschiedete sich Ursula auf der Weihnachtsfeier der Klinik in den Ruhestand. Dass der Klinikchef ihre Arbeit recht ausführlich und mit viel Lob würdigte, hat ihr sehr gefallen.

16
Die Klinische Pharmakologie

Das medizinische Fachgebiet Klinische Pharmakologie bildete sich in den 1960er Jahren heraus, befördert durch die stürmische Entwicklung der Arzneimittelforschung. Es widmet sich, vereinfacht ausgedrückt, der Wirkung und dem Verhalten von Arzneimitteln im menschlichen Körper und darüber hinaus der Anwendung von Arzneimitteln in der medizinischen Praxis.

Die Klinische Pharmakologie ist die wissenschaftliche Grundlage der Arzneimittelprüfung am Menschen. Die Beifügung „klinisch" bedeutet im medizinischen Sprachgebrauch soviel wie „am Menschen". Demgegenüber ist die klassische experimentelle Pharmakologie unentbehrlich für die vorklinische (präklinische) Untersuchung von Arzneimitteln. Ein neuer Arzneistoff darf erst dann am Menschen geprüft werden, wenn die tierexperimentellen Ergebnisse es wahrscheinlich machen, dass er stärker wirkt oder weniger Nebenwirkungen hat als der Standardarzneistoff, der unbedingt zum Vergleich herangezogen werden muss.

Im Januar 1968 nahm ich zum zweiten Mal eine Tätigkeit als Assistenzarzt im Fach Pharmakologie und Toxikologie auf. Es war reiner Zufall, dass ich an die Universität zurückkehrte, an der ich die vorklinische Ausbildung erhalten hatte. Ich war an anderer Stelle schon reichlich zweieinhalb Jahre lang experimentell-pharmakologisch tätig gewesen, hatte dann aber erst die Facharztanerkennung für Innere Medizin erworben, weil ich mich von klinischer Seite aus der Klinischen Pharmakologie zuwenden wollte. Nachdem neuere staatliche Regelungen besagten, dass nur ein Facharzt für Pharmakologie und Toxikologie ein Subspezialist für Klinische Pharmako-logie werden könne, sah ich mich veranlasst, nun auch die abgebrochene Weiterbildung in Pharmakologie und Toxikologie zu Ende zu führen.

Ich hatte das verlockende Angebot angenommen, eine Institutsabteilung für Klinische Pharmakologie aufzubauen. Meinem Wunsch, von Anfang an klinisch-pharmakologisch zu arbeiten, wurde entsprochen. Eine Anstellung als Oberarzt ließ sich nicht gleich verwirklichen. Im Dezember 1968 legte ich bereits die Facharztprüfung in Pharmakologie und Toxikologie vor einer zentralen Kommission ab. Ein Teil meiner Tätigkeit in der Inneren Medizin wurde für die Facharztweiterbildung in Pharmakologie und Toxikologie angerechnet.

Ab Januar 1969 erhielt ich die Anerkennung als Facharzt für Pharmakologie und Toxikologie. Die zunächst zurückgestellte Ernennung zum Oberarzt erfolgte ab April 1969. Ich blieb entgegen meiner ursprünglichen Planung in der erlangten Position, da eine attraktivere Stelle weit und breit nicht in Sicht war.

Bei der Errichtung der Institutsabteilung für Klinische Pharmakologie waren, wie nicht anders zu erwarten, gelegentlich Schwierigkeiten zu überwinden, da sich das Neue erst durchsetzen musste. Schließlich waren wir in der Lage, Untersuchungen an gesunden Probanden selbst durchzuführen. Bei Studien an Kranken arbeiteten wir mit Kliniken oder ambulant tätigen Ärzten zusammen. Ein Teil der Ärzte, die schon im Beruf standen, hatte noch keinen Doktortitel. Diese Kollegen bemühten sich vorzugsweise um klinisch-pharmakologische Promotionsthemen, die sie im Zusammenhang mit ihrer täglichen ärztlichen Tätigkeit bearbeiten konnten.

Anfang der 1970er Jahre war zu bemerken, dass viele wissenschaftliche Mitarbeiter keine Lust verspürten, sich für höhere Aufgaben zu qualifizieren. Da es an Aufstiegschancen mangelte, scheute man offenbar zusätzliche Anstrengungen. Die akademische Lehrbefähigung, die Facultas docendi hieß, konnte man auch unabhängig von der weiteren wissenschaftlichen Qualifizierung beantragen. Ich stellte den Antrag und reichte die Nachweise über die studentischen Lehrveranstaltungen ein, die ich durchführte. Ab April 1974 erteilte mir die Universität die akademische Lehrbefähigung für das Fach Klinische Pharmakologie.

Ab Dezember 1975 wurde ich staatlicherseits als Subspezialist für Klinische Pharmakologie anerkannt. Dafür genügte es, als Facharzt für Pharmakologie und Toxikologie eine bestimmte Zeit auf dem Gebiet der Klinischen Pharmakologie tätig gewesen zu sein. Eine zusätzliche Prüfung entfiel. Aus rein ärztlicher Sicht hatte ich mein berufliches Ziel erreicht. Doch im medizinischen Hochschulbereich steht seit jeher die akademische Graduierung noch über der ärztlichen Spezialisierung.

Schon 1960, unmittelbar nach dem Studium, hatte ich den akademischen Grad Doktor der Medizin (doctor medicinae, abgekürzt Dr. med.) erworben. Um nun den höheren akademischen Grad Doktor der medizinischen Wissenschaft (doctor scientiae medicinae, abgekürzt Dr. sc. med.) zu erlangen, legte ich eine umfangreiche klinisch-pharmakologische Arbeit vor. Abzugeben war eine größere Anzahl von Exemplaren der Arbeit. Der Verteiler umfasste auch Gutachter und Bibliotheken. Die gegenwärtige Schreib- und Kopiertechnik gab es längst noch nicht. Man schrieb den Text mit einer mechanischen Schreibmaschine, der man das Farbband entnommen hatte, erst auf eine Matrize. Die wachsartige Matrize, in die die Buchstaben eingedrückt waren, diente dazu, Abzüge mittels blauer Farbe anzufertigen. Die Abbildungen, in der Regel fotografisch vervielfältigt, wurden in die im Text frei gelassenen Lücken eingeklebt.

Ich konnte die Arbeit, die ein Buchbinder professionell in Buchform gebracht hatte, nur zum letztmöglichen Termin abliefern. Unglücklicherweise hatte auf einmal Winterwetter eingesetzt, mit Frost, Schneefall, Eis- und Schneeglätte. Da der öffentliche Personennahverkehr eingestellt worden war und ich davor zurückschreckte, mit dem eigenen Auto zu fahren, blieb nichts anderes übrig, als die abzugebenden Buchexemplare mit unserem Rodelschlitten zu dem zuständigen Dekanat zu transportieren. Die ganze Familie half mit. Wir mussten eine Strecke von mehr als zehn Kilometern zu Fuß zurücklegen und waren am Ende allesamt ziemlich erschöpft.

Das Verfahren nannte sich Promotion B. Demgegenüber führte die Promotion A zum Doktor der Medizin. Als ich gleich nach dem Studium meine Doktorarbeit vorlegte, kannte man diese Begriffe noch nicht. Die drei Begutachtungen und die öffentliche Verteidigung, eine Hörsaalveranstaltung zuletzt, verliefen erfolgreich. Im Oktober 1979 erhielt ich den akademischen Titel Dr. sc. med., der den bisherigen Titel Dr. med. ersetzte.

Damit rückte ich auf in die Gruppe der Kandidaten einer möglichen Berufung zum Hochschullehrer. Man war nun gehalten, zwei Anforderungen zu erfüllen. Die eine war, an einem Weiterbildungskurs in Marxismus-Leninismus teilzunehmen, der für schon berufene und angehende Hochschullehrer internatsmäßig organisiert wurde und den die Beteiligten „Rotlichtbestrahlung" nannten. Die andere war, ein Semester lang ein sogenanntes Auslandsstudium abzuleisten. Das Ausland sollte möglichst die Sowjetunion sein. Aus fachlichen Gründen wählte ich Ungarn. Nebenher interessierte mich die ungarische Lebensart. Mein Studienaufenthalt in Budapest dauerte von Oktober 1979 bis April 1980.

Der Minister für Hoch- und Fachschulwesen der Deutschen Demokratischen Republik berief mich im Februar 1982 zum Hochuldozenten für Klinische Pharmakologie. Ich war mithin der erste Hochschullehrer für Klinische Pharmakologie an unserer Universität.

Auch im wiedervereinten Deutschland gibt es die Funktion Hochschuldozent. Dieser Titel ist nicht zu verwechseln mit dem Titel Privatdozent, der üblicherweise mit dem Abschluss der Habilitation, der früheren Promotion B, vergeben wird.

Man kann an der akademischen Lehre beteiligt sein, ohne selber die akademische Lehrbefähigung zu besitzen. Das geht, wenn ein Hochschullehrer den Auftrag erteilt und damit die Verantwortung übernimmt. Obwohl ich die Lehrbefähigung erst 1974 beantragte, habe ich bereits seit 1968 Lehrveranstaltungen in Klinischer Pharmakologie abgehalten, vor allem bei Studenten der Medizin, später zusätzlich bei Studenten der Medizinpädagogik. Seit 1972 habe ich das Staatsexamen in Klinischer Pharmakologie abgenommen. Ich war außerdem Prüfer in dem Kolloquium, das am Ende des sechsten Studienjahres stattfand. Seit Ende der 1970er Jahre entsprach dieses Studienjahr der früheren Pflichtassistenz, die ich selbst noch nach dem Studium absolvierte.

Ich habe mündlich und auf verschiedene Arten schriftlich geprüft. In Anbetracht meiner Erfahrungen gebe ich der mündlichen Prüfung eindeutig den Vorzug. Sie verlangt vom Prüfling, sich systematisch auf die Prüfung vorzubereiten, und erlaubt dem Prüfer, die Persönlichkeit des Prüflings zu berücksichtigen. Der Prüfer sollte sich allerdings auch eingehend auf die Prüfung vorbereiten. Er kann zum Beispiel die Fragenkomplexe schon vorher auswählen und dann den einzelnen Personen der Prüfungsgruppe zufällig zuordnen.

Die schriftliche Prüfung ist mir dagegen zu unpersönlich. Sie verleitet dazu, die Antworten zu früher einmal gestellten Fragen auswendig zu lernen. Das so erworbene

Wissen ist bald vergessen. Dass die schriftliche Prüfung objektiver sei als die mündliche, wie es manchmal behauptet wird, kann ich nicht bestätigen.

Nach der deutschen Wiedervereinigung konstituierten sich die Ärztekammern in den sogenannten neuen Bundesländern. Die Ärztekammern verantworteten fortan die Facharztanerkennungen. In der Liste der anerkannten Fachärzte erschien neu der Facharzt für Klinische Pharmakologie. Im Juli 1991 wandelte die zuständige Ärztekammer meine schon bestehende Anerkennung als Subspezialist für Klinische Pharmakologie in die Anerkennung als Facharzt für Klinische Pharmakologie um.

Wie von mir beantragt, änderte der Akademische Senat der Universität im Januar 1992 meinen akademischen Grad Dr. sc. med. (doctor scientiae medicinae) in den neuen akademischen Grad Dr. med. habil. (doctor medicinae habilitatus). Meine akademische Lehrbefähigung Facultas docendi für das Fachgebiet Klinische Pharmakologie wurde zur akademischen Lehrbefähigung Venia legendi für das Fachgebiet Klinische Pharmakologie.

Die Evaluierung der Universitätsangehörigen endete 1993. Sie stellte meine persönliche und fachliche Eignung fest, wie es hieß. Im Mai 1994 verlieh mir der Landesminister für Wissenschaft und Forschung den Titel Außerplanmäßiger Professor. Meine Tätigkeit in der Klinischen Pharmakologie hörte auf, als ich im Mai 2001 in den Ruhestand ging.

17
Die Wohnung

In Ostdeutschland waren die Wohnungen knapp. Vorhandene Altbauten wurden gar nicht oder nur unzureichend saniert und Neubauten viel zu wenig errichtet. Erst in den 1970er Jahren nahm das Angebot an Wohnungen zu. Sogenannte Plattenbauten wuchsen empor. Ganze neue Stadtteile und sogar neue Städte entstanden. Man baute vor allem in den städtischen Außenbezirken und ließ die Stadtzentren zu oft weiter verfallen.

Die Plattenbauten waren sicherlich keine architektonische Glanzleistung. Sie boten aber vielen Menschen preiswerten Wohnraum. Im Übrigen hatte man die Technologie des Plattenbaus aus westlichen Ländern übernommen. Auch in Westdeutschland sind noch viele Bauten anzutreffen, für die vorgefertigte Platten verwendet wurden.

Von 1954 bis 1967 wohnte ich in möblierten Einzelzimmern. Diese Art der Unterkunft war weit verbreitet. Viele Studenten wohnten so. Der Wohnraum war bewirtschaftet. Wer eine zu große Wohnung hatte, musste untervermieten. Vor allem ältere Wohnungsinhaber taten es gern, um ihr meist nicht üppiges Einkommen ein wenig aufzubessern.

Der Status eines Untermieters hatte die Vorteile, die Ausgaben für das Wohnen niedrig halten zu können und verhältnismäßig mobil zu sein. Ein gelegentlich nötiger Umzug gestaltete sich unkompliziert. Mein eigenes Mobiliar beschränkte sich auf ein Bücherregal und ein größeres Radiogerät. Das massiv gebaute Bücherregal ließ sich nicht auseinandernehmen, und weil es recht tief war, kriegte ich viel unter. Die Untermieter waren vorzugsweise Singles.

Im Jahre 1968 befand ich mich in einer Übergangssituation. Ich hatte die Klinik für Innere Medizin, wo ich Facharzt für Innere Medizin geworden war, verlassen und in größerer Entfernung eine neue Arbeitsstelle angetreten, um die vor einigen Jahren abgebrochene Weiterbildung zum Facharzt für Pharmakologie und Toxikologie ebenfalls abzuschließen. Meine künftige Ehefrau arbeitete noch an der Klinik und wollte nach unserer Hochzeit, die für den Herbst 1968 geplant war, an meinen neuen Arbeitsort nachkommen. Ich behielt bis dahin mein Quartier als Untermieter am Klinikort bei und besuchte meine Frau, so oft es ging.

Am neuen Arbeitsort war mein Dienstzimmer fast ein Jahr lang zugleich meine provisorische Unterkunft. Sanitärräume standen zur Verfügung, aber leider nicht gleich nebenan. Verständlicherweise war es nicht angenehm, den ganzen Tag in der Arbeitsstätte zu verbringen. Gewisse Vorteile sah ich allenfalls darin, zur Arbeit nicht zu spät kommen zu können und keine Miete zahlen zu müssen.

Nachdem wir im September 1968 geheiratet hatten, intensivierte ich meine Bemühungen, für meine Frau und mich eine Wohnung zu finden. Mein zuständiger Ansprechpartner war das Wohnungsamt der Universitätsverwaltung. Wie alle größeren Einrichtungen verfügte die

Universität über ein Kontingent an Wohnungen für ihre Mitarbeiter, das die Stadtverwaltung zuwies. Trotz Fürsprache meines Vorgesetzten blieb ich zunächst erfolglos. Bei einem meiner Besuche im Wohnungsamt geriet ich zufällig in eine Beratung der Kommission, die die Wohnungen vergab. Man nahm mir dort jegliche Hoffnung, in naher Zukunft eine Wohnung zu erhalten. Mindestens vier Jahre müsste ich schon warten. Man warf mir geradezu vor, an die Universität gekommen zu sein, da ich doch hätte wissen müssen, dass hier Wohnungen sehr rar sind. An eine Familienzusammenführung sei vorläufig überhaupt nicht zu denken. Das höchste der Gefühle sei ein Leerzimmer. Aber auch das gäbe es nicht so schnell.

Schließlich stellte das Wohnungsamt doch ein Leerzimmer als Zwischenlösung bereit. Ich sagte zu, um endlich mit meiner Frau zusammenziehen und meine provisorische Bleibe auf der Arbeitsstelle aufgeben zu können. Das Zimmer war mit ungefähr 22 Quadratmetern verhältnismäßig groß. Es lag verkehrsgünstig am Rande der Innenstadt, allerdings im dritten Obergeschoss.

Die gut erhaltene Vierzimmerwohnung im Altbau, zu der das Zimmer gehörte, beherbergte nun drei Teilhauptmieter. Eine ältere Dame bewohnte zwei Zimmer, eine zweite ältere Dame ein Zimmer und die Küche. Beide Mitbewohnerinnen hatten nichts dagegen, dass zwei Personen das freigewordene Zimmer bezögen. Unser Zimmer zeichnete sich durch einen eigenwilligen Grundriss aus. Es hatte sechs Ecken, einen Erker, zwei große Fenster, ein kleineres Fenster und Kohleheizung. Der Kachelofen stand erst ein Jahr. Der ganzen Wohnung fehlte ein Badezimmer. Die winzige Toilette benutzten alle drei Mietparteien. Dort befand sich unsere einzige Wasserquelle, ein Kaltwasserhahn über einem kleinen Handwaschbecken.

In Eigenleistung renovierte ich das Leerzimmer, was im Wesentlichen bedeutete, Decke und Wände zu weißen. Ende Dezember 1968 zogen wir ein. Es war kein gewöhnlicher Einzug, da wir nur wenige Möbel unser Eigen nannten. Ich brachte mein Bücherregal und mein Radio mit in die Ehe, meine Frau zwei Korbsessel und einen Couchtisch.

Als Erstes schafften wir uns eine Campingliege und eine Luftmatratze an. Meine schwangere Frau schlief auf der Liege, ich ihr zu Füßen auf der Matratze. Die Auslieferung einer Doppelbettcouch, die wir auf einer Möbelausstellung gesehen und bestellt hatten, verzögerte sich. Als die Couch endlich eintraf, fehlten die Seitenteile, die dann noch nachgearbeitet werden mussten. Ein neu erworbener Küchentisch, der, wie damals gebräuchlich, herausziehbare Abwaschschüsseln besaß, diente als Arbeitstisch und später auch als Wickeltisch für unsere Tochter.

Zu jener Zeit importierte man Apfelsinen aus Spanien in halbwegs stabilen Kisten. Die Kisten sahen aus wie zwei aneinanderliegende Würfel, die oben offen waren. Entleerte Kisten konnte man für wenig Geld in Obst- und Gemüseläden erstehen. Wir fanden heraus, dass sie sich, ein wenig aufgehübscht, gut für unser Zimmer als platzsparende niedrige Regale eigneten. Immer mehr Haushaltsgegenstände brachten wir auf engem Raum unter. Bei unserem späteren Auszug verschätzte sich der Spediteur gewaltig. Das Möbelauto, das er schickte, musste zweimal fahren, weil es zu klein war.

Anfang 1969 trat meine Frau ihre neue Arbeitsstelle als Medizinisch-technische Assistentin an einer Universitätsklinik für Innere Medizin an. Ihr erstes Gehalt nahm sie in bar entgegen, da sich die Anlage des eigenen Gehaltskontos verzögerte. Da passierte das Unerwartete. Ihre Handtasche, in der sich immer noch der Gesamtbetrag des Monatsgehaltes befand, wurde entwendet. Den Dieb fasste man zwar, und er stotterte den gestohlenen Geldbetrag jahrelang in kleinen Raten aus verschiedenen Gefängnissen heraus ab, doch das fest eingeplante Geld war erst einmal weg.

Im Juni 1969 kam unsere Tochter Cordula zur Welt. Für ihr Bettchen fand sich genügend Platz. Die Säuglingspflege war nur etwas umständlich. Das Frischwasser holten wir aus der Toilette. Das Abwasser brachten wir dorthin zurück. Die Windeln und andere Babysachen wuschen wir per Hand. Um die Wäsche zu trocknen, benutzten wir den Trockenboden des Hauses. Wegwerfartikel für Säuglinge, heute eine Selbstverständlichkeit, kannte man noch nicht.

Auch wenn wir in vielerlei Hinsicht eingeschränkt wohnten, fühlten wir uns recht wohl in unserem Appartement. Meine Frau findet sogar, es sei die schönste Zeit in Familie gewesen. Wir hatten keine Hemmungen, Gäste aus nah und fern zu empfangen. Einige Gäste blieben sogar über Nacht unter unseren campingartigen Bedingungen.

Nach rund zwanzig Monaten hörte unser Ein-Zimmer-Zuhause auf. Eine Mitarbeiterin verzog, ihre Altbauwohnung hatte die Universität nun neu zu vergeben. Es gelang mir, den Zuschlag zu erhalten. Die Wohnung verbesserte zwar unsere Lebensverhältnisse, war aber auch noch nicht die endgültige Lösung unseres Wohnungsproblems

Wir hatten jetzt drei Zimmer, ein größeres und zwei kleinere, mit einer Fläche von insgesamt 44 Quadratmetern. In der acht Quadratmeter großen Küche befand sich ein Herd und nebenan eine Speisekammer. Zur Wohnung gehörten ferner ein Kellerraum und ein Verschlag auf dem Dachboden. Ein Badezimmer fehlte auch hier. Die Toilette befand sich außerhalb der Wohnung auf halber Treppe. Wir teilten sie uns mit der Nachbarwohnung. Ich hatte einzig den Vorteil, dass meine Arbeitsstelle nur gut fünf Minuten Fußweg entfernt war.

Um die neue, größere Wohnung einzurichten, erweiterten wir unseren Möbelbestand. Unsere kleine Tochter hatte nun ihr eigenes Kinderzimmer und musste abends allein einschlafen. Sie vermisste die gedämpfte Geräuschkulisse des bisherigen Einzimmermilieus. Hatte man sie endlich liebevoll zum Einschlafen gebracht, musste man sich unbemerkt aus dem Kinderzimmer schleichen. Nicht selten machte das Knarren einer fehlbelasteten Diele den Erfolg zunichte.

Im Juli 1972 wurde unser Sohn Markus geboren. Als er laufen konnte, wollte auch er unbedingt die Toilette aufsuchen, die eine halbe Treppe tiefer lag. Seine drei Jahre ältere Schwester begleitete ihn fürsorglich. Sie nahm eine Fußbank für sich zum Sitzen mit und ein Bilderbuch, das sie ausgiebig ihrem Bruder erläuterte.

Die Kinder badeten in einer größeren Babybadewanne in der Küche. Diese Wanne eignete sich auch für Erwachsene zur behelfsmäßigen Ganzkörperwaschung, ersetzte aber bei weitem nicht das fehlende Badezimmer. In meiner nahegelegenen Arbeitsstelle nahmen wir deshalb das Badezimmer, das den Mitarbeitern zustand, ab und zu nach Dienstschluss in familiären Beschlag.

Mehr als fünf Jahre verbrachten wir in der Wohnung. Nachdem der staatliche Wohnungsbau am Rande der Stadt ein Stück vorangeschritten war, konnte die Universität auch Neubauwohnungen vergeben. Für uns hatte man zunächst eine Drei-Raum-Wohnung vorgesehen. Streng genommen entsprach das den Vorgaben für eine Familie mit zwei kleinen Kindern. Es gelang uns nach längerer Diskussion dennoch, die Verantwortlichen davon zu überzeugen, uns gleich eine Vier-Raum-Wohnung zu geben, die wir in wenigen Jahren sowieso brauchten.

Die amtliche Zuweisung für die Wohnung hatten wir schon in den Händen, bevor der Neubau fertig war. Wir sehnten den Umzug herbei. Um uns vom Fortgang der Bauarbeiten zu überzeugen, unternahmen wir des Öfteren kleine Familienausflüge zur Baustelle. Ab Endhaltestelle des Linienbusses hatten wir noch eine längere Strecke in unwegsamem Gelände zu Fuß zurückzulegen, da man erst anfing, das Neubaugebiet verkehrsmäßig zu erschließen.

Die halbfertigen Häuser waren frei zugänglich. Man hatte uns eine Hausnummer und eine Wohnungsnummer genannt. Im Gewirr der Hauseingänge des weitläufigen Neubaukomplexes schafften wir es nicht, unsere künftige Wohnung zweifelsfrei zu finden. Später stellte es sich heraus, dass wir uns immer die falsche Wohnung angesehen hatten. Die richtige Wohnung lag viel günstiger. Genau diese Wohnung hätten wir uns wahrscheinlich ausgewählt, wenn eine Auswahl möglich gewesen wäre.

Im Juni 1976 war es dann so weit. Wir bezogen eine ganz neue Wohnung im vierten Obergeschoss. Die vier Zimmer, ein Wohnzimmer, ein Schlafzimmer und zwei Kinderzimmer, hatten insgesamt eine Fläche von etwa 55 Quadratmetern. Die Küche, die eine Fläche von sieben Quadratmetern aufwies, war mit Einbaumöbeln und einem Elektroherd ausgestattet. Hinzu kamen ein Badezimmer mit Toilette, ein Korridor, eine Loggia und ein Kellerraum. Die Loggia war ungefähr vier Quadratmeter groß und nach Süden gerichtet. Der Trocken- und Fahrradraum im Keller konnte mitbenutzt werden. Die Wohnung verfügte über eine Fernheizung und fließendes warmes Wasser. Sie war bezugsfertig hergerichtet. Nur das unschöne Muster des Fußbodenbelages in den Zimmern störte uns. Wir haben es später mit Teppichen abgedeckt.

Die neue Wohnung bedeutete für uns einen enormen Fortschritt in der Wohnqualität. Wir fühlten uns in diesem Quartier endlich wohl. Nach der Übergabe der Wohnung veranstalteten wir ein ausgiebiges Familienpicknick in der noch leeren Wohnung. Dazu hatten wir eine große Decke und reichlich Proviant mitgebracht. Hinterher nahmen wir alle nacheinander genüsslich ein Vollbad.

Fast ein Vierteljahrhundert lang befand sich unser Lebensmittelpunkt in dieser Wohnung. Unsere zwei Kinder begnügten sich anfangs mit einem gemeinsamen Kinderzimmer. Meine Frau und ich nutzten eines der Kinderzimmer als Arbeitszimmer. Später brauchten wir getrennte Kinderzimmer. Mein Schreibtisch wanderte ins Schlafzimmer. Als die Kinder eigene Wege gingen, dehnten wir Alten uns räumlich wieder aus.

Von der Loggia machten wir ausgiebig Gebrauch. Im Sommer erweiterte sie die Wohnfläche. In der Nähe unserer Wohnung konnten wir eine Garage kaufen und einen Kleingarten pachten. Mit zunehmendem Alter fiel es uns ein wenig schwerer, in das vierte Obergeschoss aufzusteigen. Kam man die Treppe aus dem Keller hoch, war ein weiteres Geschoss zu überwinden. Außerdem wohnten wir zu weit entfernt vom Stadtzentrum.

Deshalb sahen wir uns mehrere Jahre lang nach einer altersgerechten Wohnung um. Sie sollte möglichst im Stadtzentrum liegen, einen Balkon haben und mit einem Fahrstuhl zu erreichen sein, eine Tiefgarage sollte in der Nähe sein.

Im Februar 2001 zogen meine Frau und ich in eine Wohnung um, die weitgehend unseren Vorstellungen entsprach. Es war wieder ein Erstbezug in einem Neubau. Das Besondere der Wohnung ist eine Dachterrasse, die 18 Quadratmeter groß ist. Eine durchgehende raumhohe Fensterfront bezieht die Terrasse in den Wohnbereich ein. Wir haben damit ein seniorengerechtes Domizil gefunden.

18
Die Elternvertretung

In der Zeit, in der unsere Kinder zur Schule gingen, vollzog sich die normale Schulausbildung in zwei Arten von Schulen, in der Oberschule und in der Erweiterten Oberschule.

Die Oberschule, die die Klassenstufen eins bis zehn umfasste, hatten alle schulpflichtigen Kinder zu besuchen. Die Bezeichnung Oberschule sollte wahrscheinlich deutlich machen, dass man in der Deutschen Demokratischen Republik der Schulbildung einen hohen Stellenwert beimaß. Die Oberschule endete mit einem Abschlusszeugnis.

Die Erweiterte Oberschule unterrichtete die Klassenstufen elf und zwölf und schloss mit dem Abitur ab. Nur leistungsstarke Absolventen der zehnklassigen Oberschule schafften den Übergang in die Erweiterte Oberschule.

Eltern konnten das Ehrenamt Elternvertreter auf zwei Ebenen wahrnehmen. In jeder Klasse gab es eine Elternvertretung, die Elternaktiv hieß. Dieses Elternaktiv, dem in der Regel fünf Elternvertreter angehörten, kümmerte sich ausschließlich um die eigene Klasse. Ins Elternaktiv kam man, wenn man sich selbst zur Mitarbeit meldete oder um sie gebeten wurde. Außer der Begrenzung der Teilnehmerzahl waren keine Aufnahmekriterien bekannt.

Der Elternbeirat der Schule wiederum behandelte Themen, die die gesamte Schule angingen. Er setzte sich aus drei Personengruppen zusammen, aus Vertretern der Eltern, Vertretern der Schulleitung und Vertretern der sogenannten Patenbetriebe, die man der Schule zugeordnet hatte. Eltern konnten sich auch hier zur Mitarbeit melden. Bei der Personalauswahl achtete man allerdings streng auf einen Mehrheitsanteil an Mitgliedern der Sozialistischen Einheitspartei Deutschlands. Jeder Beratung des Elternbeirates ging gemeinhin eine separate Zusammenkunft der Parteigenossen des Elternbeirates voraus.

Die Motive, in einer Elternvertretung der Schule mitzuarbeiten, waren vermutlich unterschiedlich. Eltern von Schülern, die gut lernten, hatten im Allgemeinen eine spätere akademische Ausbildung ihrer Kinder im Auge. Dazu benötigte man das Abitur. Wenn man in den Elternaktiven rege mitwirkte, bekundete man Interesse an der Arbeit der Schule. Es war naheliegend anzunehmen, dadurch die Chancen des eigenen Kindes zu erhöhen, in die Erweiterte Oberschule übernommen zu werden. So dachten vornehmlich diejenigen Eltern, die wie meine Frau und ich parteilos waren. Eltern leistungsschwächerer Schüler waren oft geneigt, durch den engeren Kontakt mit der Schule Genaueres über die Lerndefizite ihrer Kinder und mögliche Lernhilfen zu erfahren. Manche Eltern suchten einfach nur eine ehrenamtliche Tätigkeit.

Als unsere Tochter eingeschult wurde, meldete sich meine Frau zur Mitarbeit im Elternakiv. Meiner Frau wurde der Vorsitz des Elternaktivs angetragen, den sie volle zehn Jahre inne hatte, bis unsere Tochter in die Erweiterte

Oberschule überwechselte.

Unser Sohn folgte seiner Schwester in dieselbe Schule im Abstand von drei Jahren nach. Ich bewarb mich als Mitglied des Elternaktivs seiner Klasse und blieb wie meine Frau bis zur zehnten Klasse dabei. In der dritten Klasse fragte mich die Schulleitung, ob ich bereit wäre, zusätzlich zu meiner Funktion im Elternaktiv auch Mitglied des Elternbeirates zu werden. Ich sagte zu und nahm fast acht Jahre lang dieses Ehrenamt obendrein wahr, bis auch unser Sohn auf die Erweiterte Oberschule kam.

Die Sitzungen des Elternaktivs fanden in der Regel sporadisch statt. Sie wurden vorbereitet und protokolliert von dem vorsitzenden Elternvertreter oder der vorsitzenden Elternvertreterin. Der Klassenlehrer oder die Klassenlehrerin war anwesend. Eine typische Aufgabe des Elternaktivs bestand darin, bei der Organisation von Veranstaltungen, Ausflügen und Wandertagen der Klasse mitzuwirken. Darüber hinaus diskutierte man den aktuellen Leistungsstand der Klasse und mögliche Hilfestellungen für leistungsschwächere Schüler und bei gestörten Beziehungen zwischen Eltern und Kindern. Hin und wieder gestaltete das Elternaktiv eine Wandzeitung im Klassenzimmer. Das Elternaktiv war zugegen, wenn in der Klasse die Zeugnisse feierlich ausgegeben wurden.

Manchmal erfuhr man im Elternaktiv Neuigkeiten aus der Schule. So hörten wir zum Beispiel, dass die Schule regelmäßig ihre besten Schüler den Arbeitgebern der Eltern meldete. Unsere Arbeitgeber hatten uns darüber bisher nie in Kenntnis gesetzt.

Die Lehrer waren angehalten, Westkontakte ihrer Schüler zu verhindern, was ab und an zu grotesken Situationen führte. Zwei derartige Begebenheiten erfuhr ich aus der Klasse unserer Tochter. Als Vorsitzende des Elternaktivs begleitete meine Frau einen Ausflug der Klasse in den Thüringer Wald. In der Jugendherberge, in der die Klasse übernachtete, logierte zufälligerweise zur gleichen Zeit eine westdeutsche Schülergruppe. Die Klassenlehrerin verlangte kategorisch, jegliche Kontakte zu dieser Gruppe zu unterlassen. Unsere Schüler durften den Waschraum erst aufsuchen, wenn die westdeutschen Kinder ihn verlassen hatten. Kleine Geschenke wie Schokoladentäfelchen sollten auf keinen Fall angenommen werden.

Ein Vorfall ähnlicher Art ereignete sich während einer Flugreise nach Moskau, die die Klasse zum Abschluss des zehnten Schuljahres unternahm. Meine Frau fuhr auch hier als Vorsitzende des Elternaktivs mit. Im Flugzeug staunte die Klassenlehrerin nicht schlecht, dass ihren Schülern die neuesten Westschlager geläufig waren. Die Schüler fragten listig zurück: „Sehen Sie denn nicht den Kessel Buntes?" In dieser populären Unterhaltungssendung des ostdeutschen Fernsehens traten regelmäßig namhafte Schlagersänger aus der Bundesrepublik Deutschland und dem Ausland auf.

Im Elternbeirat der Oberschule gehörte ich zur Minderheit der Mitglieder, die keine Parteigenossen waren und die gewissermaßen als Mitglieder zweiter Klasse nicht selten warten mussten, bis die Parteigenossen mit ihrer Vorberatung fertig waren. Trotzdem verstand ich mich ganz gut mit allen Beiratsmitgliedern. Ich konnte meine Meinung frei äußern. Mein Beruf verschaffte mir bestimmte

Vorteile. Ich war in der Lage, Fragen zu medizinischen Problemen fundiert zu beantworten. Bei Bedarf konnte ich einem Beiratsmitglied mit einem Arzneimittelrezept aushelfen, denn seinerzeit war jeder approbierte Arzt befugt, Rezepte zu Lasten der Krankenversicherung auszustellen.

19

Der Auslandsaufenthalt

Ein halbes Jahr, von Ende Oktober 1979 bis Ende April 1980, lebte ich in Budapest. Der Grund war ein Studienaufenthalt in Klinischer Pharmakologie. Offiziell sprach man von einem Zusatzstudium. Deshalb betreute mich auch die Studentenabteilung der Botschaft der Deutschen Demokratischen Republik in Ungarn.

Auslandserfahrungen von wissenschaftlichen Mitarbeitern waren erwünscht, spätestens nach dem Erwerb des akademischen Grades Doktor der Wissenschaften. Aus ideologischer Sicht erwartete man natürlich, in erster Linie die Sowjetunion zu Studienzwecken aufzusuchen. Zu jener Zeit fehlten jedoch in der Sowjetunion renommierte Anlaufstellen für das neue Fachgebiet Klinische Pharmakologie.

In Ungarns Hauptstadt Budapest dagegen machte eine klinisch-pharmakologische Abteilung auf sich aufmerksam, die zu einer großen Klinik gehörte. Diese Abteilung wollte ich unbedingt kennenlernen, da sie meine ursprüngliche Vorstellung zu verwirklichen schien, klinisch-pharmakologisch in einer Klinik zu arbeiten. Die ungarischen Kollegen erklärten sich bereit, mich aufzunehmen. Meine zuständige Verwaltung stimmte zu. In Budapest erhielt ich ein Taschengeld in der Landeswährung Forint. Meine dienstlichen Bezüge zu Hause sanken um den Ge genwert.

Vor Antritt der Reise nach Ungarn belegte ich einen Anfängerkurs für ungarische Sprache an der Volkshochschule. Damit erfüllte ich die Auflage, aus Höflichkeit gegenüber den Gastgebern ein wenig ungarisch sprechen zu können. Die Zeit, die bis zum feststehenden Abreisetermin noch blieb, gestattete mir lediglich, den Anfangsteil des Kurses wahrzunehmen. Immerhin bekam ich einen Einblick in die uns völlig fremde Sprache. Vor langer Zeit lebten die Ungarn vermutlich in der Nähe des Ural, bevor sie ihr jetziges „Land nahmen", wie sie sagen. Dass das Ungarische deshalb dem Finnischen ähnele, wie es heißt, dementierten viele Ungarn, die ich darauf ansprach.

Wie ich überraschend feststellte, konnte man einen ungarischen Text halbwegs korrekt vorlesen, ohne ihn zu verstehen. Das liegt an den klaren Ausspracheregeln. So wird zum Beispiel die erste Silbe eines Wortes immer betont, lange Vokale tragen einen Strich, einige Buchstaben und Kombinationen von Buchstaben werden speziell ausgesprochen (wie etwa s = sch, sz = s, gy = dj).

Mit den Budapester Kollegen verständigte ich mich hauptsächlich in Englisch. Wenn sie sich miteinander ungarisch unterhielten, fiel oft das Wort *persze* (gesprochen perße), das *selbstverständlich* im Deutschen und *of course* im Englischen entspricht. Mein ungarischer Wortschatz war nicht sehr groß und erschöpfte sich in Alltagsfloskeln wie zum Beispiel *Jó napot kívanók* (wörtlich: Guten Tag wünsche ich) und *Viszontlátásra"* (Auf Wiedersehen).

Für die Reise nach Budapest und zurück wurden Flugtickets nicht erstattet. Man war angewiesen auf die Eisenbahn. Die Hinfahrt dauerte ungefähr 24 Stunden. Wegen eines technischen Defekts musste der tschechoslowakische Schlafwagen, den ich gebucht hatte und der an den aus Schweden kommenden Balt-Orient-Express angekoppelt worden war, in Bratislava ausgetauscht werden. Mein Partner im Schlafabteil, ein freundlicher älterer Rumäne, hatte einige Verwandte in Skandinavien und Deutschland besucht und war auf der Heimreise.

In Budapest vermittelte man den sogenannten Zusatzstudenten wie mir nur Privatquartiere. Zimmer in Hotels oder in irgendwelchen Heimen bot man generell nicht an. Die Stadtbezirke von Budapest werden wie die von Wien mit römischen Zahlen bezeichnet.

Ich wohnte zuerst im Stadtbezirk VIII, der zur Innenstadt gehört und östlich der Donau in der Halbstadt Pest liegt. Mein Quartier befand sich in einem für Budapest typischen Altbau. Das Treppenhaus öffnete sich zu einem Innenhof hin. Auf jeder Etage verlief um den Innenhof herum ein balkonähnlicher Gang, von dem aus Türen in die Wohnungen führten. Über eine Diele und einen kleinen Flur gelangte ich in mein Zimmer. Die Vermieter, eine Familie mit Vater, Mutter und erwachsenem Sohn, waren nett. Eine Unterhaltung mit ihnen gestaltete sich allerdings schwierig, da sie so wenig Deutsch konnten wie ich Ungarisch.

Das Heizungsproblem hatte man, wie überall in Budapest, elegant gelöst. In einem Gasbrenner, der in die Feuerungsöffnung eines normalen Kachelofens eingesetzt worden war, brannte ständig eine kleine Flamme, gewissermaßen im Stand-by-Modus. Bei Bedarf drehte man den Gashahn auf, und der Ofen wurde warm.

Aus drei Gründen bemühte ich mich bald um eine andere Unterkunft: Man erwartete noch einen zweiten Untermieter für das recht große Zimmer, die Tür zum benachbarten Wohnzimmer der Vermieter war nicht schalldicht, und über die geöffnete Außentür der Wohnung drang kalte Luft ein.

Knapp vier Wochen später zog ich um in ein Einzelzimmer im Stadtbezirk I. Dieser zentrale Bezirk ist ein Teil der höher gelegenen Halbstadt Buda westlich der Donau. Ich wohnte nun in dem Viertel zwischen Burgberg und Donau, das man Wasserstadt nennt. Die bekannte Fischerbastei befand sich etwa dreihundert Meter weiter bergauf. Dahinter sah man die Matthiaskirche und das neue Hilton-Hotel. Zur Donau hinunter waren es auch nur wenige hundert Meter. Dort lagen in Sichtweite zwei weitere Wahrzeichen Budapests, das Parlamentsgebäude und die Kettenbrücke.

Der ältere Neubau, in dem ich jetzt wohnte, hätte auch in Deutschland stehen können. Obwohl die Hauptmieterin, eine sehr umgängliche ältere Dame, kein Wort Deutsch sprach, konnten wir uns doch einigermaßen verständigen. Verglichen mit dem alten Zimmer war das neue gemütlicher, wärmer, ruhiger und besser eingerichtet. Die Verkehrsanbindung blieb günstig. Bis zur nächsten Metro-Station ging ich nur fünf Minuten.

Die Metro, die von sowjetischen Firmen geschaffene Untergrundbahn, war Budapests wichtigstes Verkehrsmittel. Sie erinnerte äußerlich an ihr Moskauer Vorbild. Ich bin häufig mit ihr gefahren.

Da ich jeden Monat eine Monatskarte des öffentlichen Personennahverkehrs kaufte, war ich mobil im Stadtgebiet. In meiner Freizeit hatte ich mir vorgenommen, möglichst viele Sehenswürdigkeiten Budapests kennenzulernen, auch wenn die kalte Jahreszeit nicht immer dazu einlud. So wollte ich alle Thermalquellen, für die die Stadt ja berühmt ist, aufsuchen. Ob mir das wirklich gelungen ist, vermag ich nicht zu sagen.

Zu Weihnachten 1979 entfloh ich der Einsamkeit in der Fremde und fuhr mit der Bahn für ein paar Tage nach Hause. Die heimatlichen Organisatoren sahen das zwar nicht gern, konnten es aber auch nicht wirklich verhindern. Meine Familie freute sich. Die eigenmächtige Bahnfahrt nach Hause und zurück musste ich natürlich selbst finanzieren.

Im Februar 1980, als die Schulen Winterferien machten, besuchte mich meine Familie in Budapest. Meine Frau Ursula, unsere Tochter Cordula, damals zehn Jahre alt, und unser Sohn Markus, damals sieben Jahre alt, waren eine Woche lang da. Sie brachten drei Schlafsäcke mit, und ich lieh drei Luftmatratzen bei einem ungarischen Kollegen aus. Meine Vermieterin hatte nichts dagegen, dass wir zu viert in meinem Zimmer nächtigten. Es erwies sich als zweckmäßig, auch meinen Gästen Monatskarten für den Nahverkehr zu beschaffen.

Wir unternahmen gemeinsame Spaziergänge und Fahrten, sooft es meine dienstlichen Verpflichtungen zuließen. Zu Fuß erkundeten wir zum Beispiel die nähere Umgebung meiner Unterkunft und die Budapester Innenstadt. Auch wenn es winterlich kalt war, genossen es unsere Kinder, zum ersten Mal im Ausland zu sein. Die große Markthalle und die anderen Märkte, die es in Budapest gab, taten es meinen Leuten besonders an. Das Sauerkraut, das man probeweise anbot, schmeckte hervorragend. Es wirkte aber auch prompt durchschlagend, sodass wir froh waren, in der Nähe eine öffentliche Toilette zu finden. Die Besuchswoche verging leider viel zu schnell.

Zu den Eigenheiten der ungarischen Lebensart zählt die außergewöhnliche Rolle von Paprika in der ungarischen Küche. Paprika ist in verschiedenen Varianten und Zubereitungen im Handel erhältlich und fehlt kaum in einem ungarischen Gericht, soweit ich es erkennen konnte. Das ungarische Wort *gulyás* (gesprochen gujasch) meint das Gericht, das wir Gulaschsuppe nennen. Zu dem, was wir unter Gulasch verstehen, sagt man in Ungarn *pörkölt* (gesprochen pörkölt). Unter diesen Begriff fallen ebenso andere „zusammengekochte" Speisen.

Die ungarischen Personennamen haben einige traditionelle Besonderheiten. Der Vorname steht ohne Komma hinter dem Nachnamen. Die Ehefrau führt den Nach- und Vornamen des Ehemannes, versehen mit der Nachsilbe -né. So ist zum Beispiel Kossuth Istvánné die Ehefrau von Kossuth István. Ob diese etwas ungewöhnliche Namensbildung der verheirateten Ungarinnen Bestand hat, wird sich zeigen.

In der Klinikabteilung für Klinische Pharmakologie, in der ich zu Gast war, konnte ich eine größere klinisch-pharmakologische Studie an Patienten durchführen. Die Ergebnisse der Studie wurden gemeinsam mit den Gastgebern in einer internationalen Fachzeitschrift veröffentlicht. Während mehrerer Hospitationen, die man für mich organisierte, erhielt ich Einblicke in die Arbeit anderer Abteilungen der Klinik und anderer klinisch-pharmakologischer Arbeitsgruppen in Budapest.

20
Der Betriebsarzt

Annähernd neuneinhalb Jahre lang war ich nebenamtlich als Betriebarzt tätig. Die Betriebsärzte gehörten zum Betriebsgesundheitswesen, das innerhalb des ostdeutschen Gesundheitswesens einen eigenständigen, regional organisierten Bereich darstellte. In größeren Städten hatte so gut wie jeder Stadtbezirk sein eigenes Betriebsgesundheitswesen, das ein Ärztlicher Direktor leitete.

Eigentlich war beabsichtigt, dass jeder Betriebsarzt ein Facharzt für Arbeitshygiene sein sollte, wie man die Spezialisierung nannte. Doch leider gab es zu wenig ausgebildete Arbeitshygieniker. Die wenigen vorhandenen Fachärzte für Arbeitshygiene benötigte man vor allem für die hauptamtlichen Betriebsarztstellen in den großen Betrieben und Institutionen.

In der Breite, vor allem in den kleineren Betrieben, versuchte man, die betriebsärztliche Versorgung über Zusatzleistungen anderer Ärzte abzudecken. Approbierte Ärzte anderer medizinischer Fachgebiete, insbesondere Ärzte in der Weiterbildung zum Facharzt, fanden sich gern zu einer solchen Zusatztätigkeit bereit. Die Leitung der Arbeitsstelle, die den Arzt hauptamtlich beschäftigte, musste nur zustimmen. Man sprach von Z-Verträgen und Z-Stellen. Die

Lösung über Z-Verträge war geschickt, da man vorhandenes ärztliches Leistungspotential unter kostengünstigen Bedingungen nutzte.

Die Ärzte, die sich für eine Z-Stelle im Betriebsgesundheitswesen interessierten, verfolgten in der Regel eine zweifache Absicht. Sie wollten Patienten selbstständig betreuen, und sie wollten sich ein Zubrot verdienen, auch wenn die Vergütung keineswegs üppig war. Man erhielt bestenfalls elf Mark pro Stunde. Das monatliche Einkommen ließ sich damit zwar ein wenig aufstocken, die Altersversorgung dagegen nicht.

Eine allgemeine Vorschrift besagte, dass höchstens sechshundert Mark aus den Monatseinkünften eines Arbeitnehmers für die Altersrente anzurechnen waren. Jeder Arzt übertraf diesen Betrag bereits mit seinem hauptamtlichen Gehalt. Demnach hatte jemand, der gerade einmal sechshundert Mark im Monat verdiente, Anspruch auf die gleiche Altersrente wie jemand mit weit höherem Einkommen.

Im Juni 1981 nahm ich in einem mittelgroßen metallverarbeitenden Betrieb meine betriebsärztliche Nebentätigkeit auf. Mein Betriebsarztbereich schloss darüber hinaus mehrere Kleinbetriebe der Metallbranche ein, die sich teils in der Nähe, teils weiter entfernt im Stadtgebiet befanden. Die vertraglich vereinbarte Wochenarbeitszeit betrug anfangs fünf Stunden und nach dreimonatiger Einarbeitung letztlich acht Stunden. Diese Wochenarbeitszeit verteilte ich auf Dienstagvormittag und Donnerstagnachmittag, was sich mit meiner hauptamtlichen Tätigkeit ganz gut vereinbaren ließ.

Auf dem Betriebsgelände existierte eine ambulante medizinische Behandlungsstelle, eine sogenannte Arzt-Sanitätsstelle, die aus mehreren Räumen bestand. Auch wenn kein Betriebsarzt vor Ort war, konnten sich die Betriebsangehörigen dort tagsüber an eine erfahrene Krankenschwester wenden.

Die Vorsorgeuntersuchungen, die gesetzlich vorgeschrieben waren, bestimmten hauptsächlich die betriebsärztliche Tätigkeit. Die Gesundheitskontrollen erfolgten zu festgelegten Zeitpunkten. Die zu untersuchenden Arbeitnehmer, auch die der angeschlossenen Kleinbetriebe, wurden einbestellt.

Einen beachtlichen Arbeitsaufwand erforderte die allgemeinärztliche Sprechstunde, die ich abhielt, wenn ich im Betrieb anwesend war. Vielen Betriebsangehörigen ersetzte die Sprechstunde den Besuch bei ihrem Hausarzt. Die Hausärzte, damals ganz überwiegend in Staatlichen Arztpraxen und Polikliniken und nur selten in eigenen Praxen tätig, waren oft überlastet. In meine Sprechstunde konnte man während der Arbeitszeit gehen. Man kam auch meistens schnell dran.

Akut Erkrankte wurden, sofern vertretbar, behandelt, krank geschrieben und wiederbestellt. Chronisch Erkrankte mit gesicherter Diagnose wurden möglichst regelmäßig kontrolliert. Sie erhielten meistens ein Rezept zur Weiterbehandlung.

Mir standen verschiedene einfachere Untersuchungsmethoden zur Verfügung. Ich konnte uneingeschränkt Arzneimittel verschreiben, Überweisungen zur weiteren Diagnostik und Therapie vornehmen und Laboruntersuchungen veranlassen. Die Sprechstunde habe ich gern gemacht. Meine Vorbildung als Internist erwies sich als großer Vorteil. Die Wirkungen der verordneten Arzeimittel verfolgte ich außerdem mit klinisch-pharmakologischem Blick.

Neben den Vorsorgeuntersuchungen und der Sprechstunde hatte ich an den regelmäßigen Betriebsbegehungen teilzunehmen, die sowohl den Gesundheitsschutz als auch den Arbeitsschutz betrafen.

Auf meine Betriebskrankenschwester, die sehr gewissenhaft arbeitete, konnte ich mich voll verlassen. Sie hatte die ärztlichen Untersuchungen und die ärztliche Sprechstunde vor- und nachzubereiten. Wenn ich nicht im Betrieb war, stimmte sie wichtige medizinische Entscheidungen telefonisch mit mir ab. Letztlich war Sie für alles zuständig, was mit der Funktion der Arzt-Sanitätsstelle irgendwie zusammenhing. Sie hat ihre Aufgaben bestens erledigt, wobei ihr der große Vorteil zugutekam, die meisten Betriebsangehörigen persönlich zu kennen.

War ein Betriebsarzt in einem Betrieb länger tätig, auch wenn nur nebenamtlich, genoss er gewisse Rechte eines Betriebsangehörigen. Man trug mir zum Beispiel an, betriebseigene Ferienheime in Anspruch zu nehmen. Auf diese Weise verbrachte ich zweimal einen erlebnisreichen Winterurlaub mit meiner Familie im Thüringer Wald.

Im Dezember 1990 löste sich das Betriebsgesundheitswesen in der bisherigen Form auf, nachdem es den Staat Deutsche Demokratische Republik nicht mehr gab. Damit ging meine betriebsärztliche Nebentätigkeit zu Ende.

21
Der Parteilose

Sprach man von „der Partei", meinte man die Sozialistische Einheitspartei Deutschlands (abgekürzt SED). Die anderen Parteien, die noch da waren, spielten lediglich eine untergeordnete Rolle. Man bezeichnete sie offiziell als Blockparteien. Der Volksmund nannte sie Blockflöten, weil sie die SED gehorsam unterstützten.

Als der Zweite Weltkrieg zu Ende war, existierten in Deutschland keine politischen Parteien mehr. Schon im Sommer 1945 ließ die sowjetische Besatzungsmacht in ihrem Herrschaftsbereich vier politische Parteien zu, die sich zum sogenannten Antifaschistisch-demokratischen Block vereinten. Es waren zwei nichtbürgerliche Parteien, die Kommunistische Partei Deutschlands (abgekürzt KPD) und die Sozialdemokratische Partei Deutschlands (abgekürzt SPD), und zwei bürgerliche Parteien, die Christlich-demokratische Union (abgekürzt CDU) und die Liberaldemokratische Partei Deutschlands (abgekürzt LDPD).

Im April 1946 schlossen sich KPD und SPD zur SED zusammen. Im Antifaschistisch-demokratischen Block ersetzte die SED fortan die KPD plus die SPD. Dem Block traten 1948 zwei weitere Parteien bei, nämlich die Demokratische Bauernpartei Deutschlands (abgekürzt DBD), die sich an die Landbevölkerung wandte, und die Nationaldemokratische Partei Deutschlands (abgekürzt NDPD), die auch reuigen früheren Nazis offenstand.

Die SED bedrängte die anderen Blockparteien von Anfang an, die politischen Ziele der SED zu übernehmen und ihrer jeweiligen speziellen Klientel nahezubringen. In der zweiten Verfassung von 1968, die achteinhalb Jahre nach der Gründung der Deutschen Demokratischen Republik in Kraft trat, schrieb man die Führungsrolle der SED sogar rechtlich fest.

Wer wie ich die gesamte Nachkriegszeit in Ostdeutschland verbrachte, erlebte mit, wie Kader der SED nach und nach alle staatlichen und gesellschaftlichen Ebenen durchsetzten. In der Medizin verlief dieser Prozess etwas langsamer. Hier begannen meines Wissens erst Ende der 1970er Jahre größere Aktionen, um Mitglieder für die SED anzuwerben.

Jeder wusste, dass die Parteileitungen die ihnen unterstellten staatlichen Leitungen kontrollierten. Wer auf der Karriereleiter hoch hinaus wollte, musste in aller Regel ein „Genosse" sein. Gelegentlich duldete man auch Mitglieder von Blockparteien oder Parteilose in niedrigeren Positionen, um den Schein demokratischer Spielregeln zu wahren.

In all den Jahren hat mich nie jemand darauf angesprochen, ob ich Mitglied der SED werden möchte. Warum ich verschont blieb, weiß ich nicht. Als die SED in der Medizin stärker Fuß fasste, hatte ich schon eine leitende Funktion inne. Es schien Strategie zu sein, auch einige Nicht-Genossen in solchen Positionen vorweisen zu können. Vielleicht reichte es schon, dass ich mit meinem Status als Bauern-kind einen heimlich erwünschten Personalanteil abdeckte. Darüber hinaus konnte es sein, dass ich für einen länger-fristigen Kaderentwicklungsplan ausfiel, weil ich zu viele Verwandte in Westdeutschland hatte. Einer Empfehlung, der SED beizutreten, wäre ich auf keinen Fall gefolgt. Nicht nur die atheistische Ausrichtung der SED begründe-te diese Entscheidung.

Fachlich gute Arbeit zu leisten, genügte normalerweise nicht. Man verlangte, zusätzlich sogenannte gesellschaftli-che Aktivitäten zu zeigen. Wer Mitglied der SED war, hatte bereits einen Bonus in gesellschaftlicher Tätigkeit. Für spe-zielle Aufgaben erteilte man den Genossen gezielt soge-nannte Parteiaufträge. Parteilose konnten sich zum Bei-spiel in den Massenorganisationen engagieren.

Eine der Massenorganisationen war der Freie Deutsche Gewerkschaftsbund (abgekürzt FDGB), dem praktisch alle Arbeitnehmer angehörten. Er hatte die Aktion „Kollektiv der sozialistischen Arbeit" ins Leben gerufen. Unsere Ar-beitsgruppe machte mit. Seit 1976 war ich Leiter eines sol-chen Kollektivs. Der jährliche Plan, der erstellt wurde, ent-hielt die normalen Arbeitsaufgaben und einige außer-dienstliche Verpflichtungen. Seine Erfüllung war öffentlich zu verteidigen.

Die Gesellschaft für Deutsch-Sowjetische Freundschaft (abgekürzt GDSF) war eine weitere Massenorganisation. Sie hatte sich an die Aktion des FDGB sozusagen ange-hängt. Jedes Arbeitskollektiv sollte auch um den Titel „Kollektiv Deutsch-Sowjetische Freundschaft" kämpfen. Das erforderte einen gesonderten Jahresplan, dessen Erfüllung ebenfalls öffentlich verteidigt werden musste. Seit 1976 leitete ich auch dieses Parallelkollektiv.

Die GDSF litt unter dem Verbot persönlicher Kontakte zu Sowjetbürgern, die sich ja hauptsächlich als Militärangehörige bei uns aufhielten. Offensichtlich sollten Besatzer und Besetzte keine Verbindungen miteinander haben. Mitunter traf man doch aufeinander, wie ein eigenes Erlebnis zeigt.

Der Kleingarten, den meine Familie betrieb, lag neben einer sowjetischen Kaserne. Eines Tages warf ein sowjetischer Soldat ohne ersichtlichen Grund einen größeren Stein in den Garten, in dem mehrere Personen an einem Tisch saßen. Zum Glück wurde niemand verletzt. Die benachrichtigte Volkspolizei gab den Fall, wie zu der Zeit üblich, an die örtliche Kommandantur der Sowjetarmee weiter. Daraufhin erschien der örtliche Kommandant, ein höherer Offizier, mit großem Gefolge in unserer Wohnung. Er entschuldigte sich in aller Form für das Verhalten seines Untergebenen.

Innerhalb der GDSF wählte man mich in zwei Funktionen, auf die ich es nie abgesehen hatte. Drei Jahre war ich Mitglied in einem Bereichsvorstand und sechs Jahre in einem Kreisvorstand. Anscheinend wollte man dort auch Parteilose haben.

Ab 1982 wirkte ich in einer Kommission der Arbeiter- und Bauerninspektion (abgekürzt ABI) mit, die zum Beispiel den Einsatz finanzieller Mittel in Einrichtungen der Universität überprüfte. Dieser Kommission sollten neben Genossen ganz bewusst auch Nicht-Genossen angehören, woraus sich meine Berufung erklärte. Nimmt man den Namen der Kommission ernst, könnte meine bäuerliche Herkunft für die Berufung ebenfalls von Bedeutung gewesen sein.

In den Personalbögen, die für die Personalabteilung wiederholt auszufüllen waren, listete jeder seine gesellschaftlichen Aktivitäten penibel auf. Zu diesen Aktivitäten zählten ebenfalls dienstliche Funktionen im Hochschulbereich und in medizinisch-wissenschaftlichen Fachgesellschaften sowie ferner außerdienstliche Ehrenämter wie die Mitgliedschaft in Elternvertretungen von Schulen.

22

Der Staatssicherheitsdienst

Jeder Staat hat seinen Geheimdienst. So rechtfertigte der Durchschnittsbürger der Deutschen Demokratischen Republik allemal die Existenz des Ministeriums für Staatssicherheit und seiner Untergliederungen. Man nannte den Staatssicherheitsdienst „Stasi", „Horch und Guck" oder schlicht „die Firma" und scherte sich nicht viel um ihn. Gelegentlich hörte man unter dem Siegel der Verschwiegenheit, dass Fremde persönliche Fragen über Nachbarn gestellt hätten. Erst nach der Wende offenbarte sich, wie aufgebläht der Überwachungsapparat war, wie er arbeitete und was er alles kontrollierte.

Man hatte den Staatssicherheitsdienst nach sowjetischem Vorbild organisiert. Er verkörperte nicht nur den Inlandsgeheimdienst, sondern war auch Geheimpolizei und Auslandsgeheimdienst. Darüber hinaus verfügte er über militärische Einheiten. Das Ministerium für Staatssicherheit bildete die Zentrale. Ihm unterstanden Bezirksverwaltungen in den Verwaltungsbezirken, Kreisdienststellen in den Kreisen und kreisfreien Städten und Objektdienststellen in großen Betrieben und großen Einrichtungen. Alle Ebenen verband dieselbe inhaltliche Strukturierung.

Das Ministerium für Staatssicherheit war kein gewöhnliches Ministerium. Es diente der direkten Machtausübung der Sozialistischen Einheitspartei Deutschlands. Man sprach vom „Schild und Schwert der Partei". Innerhalb der Sozialistischen Einheitspartei Deutschlands traf das höchste Leitungsgremium, das Politbüro, die Entscheidungen zum Staatssicherheitsdienst. Erich Mielke, der letzte Minister für Staatssicherheit, war Mitglied des Politbüros und erhielt seine Anweisungen sozusagen auf dem „kurzen Dienstweg". Ansonsten bestimmte die Sicherheitsabteilung des Zentralkomitees der Partei das Spitzenpersonal des Staatssicherheitsdienstes. Der Leiter einer Bezirksverwaltung des Dienstes gehörte stets der entsprechenden Bezirksleitung der Sozialistischen Einheitspartei Deutschlands an. Der Zweite Sekretär jeder Bezirksparteileitung war andererseits für die Staatssicherheit zuständig.

Der Staatssicherheitsdienst beschäftigte zuletzt über 90.000 hauptamtliche Mitarbeiter. Darunter fielen auch Mitarbeiter im Wehrdienstverhältnis auf Zeit, Zivilbeschäftigte, sogenannte Offiziere im besonderen Einsatz (abgekürzt OiBE) und sogenannte Hauptamtliche Inoffizielle Mitarbeiter (abgekürzt HIM). Die zwei letztgenannten Mitarbeitergruppen betätigten sich häufig verdeckt als Arbeitnehmer, zum Beispiel als Angestellte in der Hochschulverwaltung, wie sich nach der Wende herausstellte.

Außer den hauptamtlichen Mitarbeitern gab es die sogenannten Inoffiziellen Mitarbeiter (abgekürzt IM). Ihre Zahl übertraf die Zahl der hauptamtlichen Mitarbeiter wahrscheinlich um mehr als das Doppelte.

Der Inoffizielle Mitarbeiter trug seinem hauptamtlichen Führungsoffizier heimlich Informationen über ausgewählte Mitmenschen zu. Die Bespitzelten, meistens dem Inoffiziellen Mitarbeiter nahestehende Personen, ahnten nichts davon. Wer unter Umständen als Inoffizieller Mitarbeiter in Frage kam, wurde von hauptamtlichen Mitarbeitern ausgewählt, vorbeobachtet und im Falle der Eignung geworben, wie man sagte. Bei der Werbung war nicht selten Erpressung im Spiel. Der Geworbene schrieb eigenhändig eine Verpflichtungserklärung und nahm einen selbst gewählten Decknamen an.

Nach der Wende waren die hauptamtlichen Mitarbeiter mehr oder weniger aktenkundig. Die Inoffiziellen Mitarbeiter hingegen blieben größtenteils unbekannt. Das 1990 neu geschaffene Amt, das die etwas sperrige Bezeichnung Behörde des Bundesbeauftragten für die Unterlagen des Staatssicherheitsdienstes der ehemaligen Deutschen Demokratischen Republik (abgekürzt BStU) trug, konnte nur eine Minderheit der Inoffiziellen Mitarbeiter enttarnen. Der Grund dafür war, dass es dem Staatssicherheitsdienst vor seiner Auflösung noch gelungen war, ausgesprochen viele seiner schriftlichen Unterlagen zu vernichten.

In meinem persönlichen und beruflichen Umfeld kamen nach der Wende mehrere Inoffizielle Mitarbeiter zum Vorschein. Darunter befanden sich erstaunlicherweise auch bemerkenswert seriöse Personen, denen vorher niemand eine Denunziation zugetraut hätte. In regelrecht teuflischer Manier hatte der Staatssicherheitsdienst genau solche Leute ausgesucht.

Das Verhalten der Inoffiziellen Mitarbeiter muss man verurteilen. In ihnen aber die Hauptübeltäter zu sehen, wie es oft geschieht, erscheint nicht berechtigt, da die hauptamtlichen Mitarbeiter mit Sicherheit eine größere Schuld auf sich geladen haben.

Speziell in unserer Stadt wurden die meisten Inoffiziellen Mitarbeiter öffentlich bekannt, weil eine große Zeitung an das örtliche Verzeichnis dieser Personen gelangt war. Scheibchenweise und in alphabetischer Reihenfolge wurden die Namen der Inoffiziellen Mitarbeiter abgedruckt. Manch einer von ihnen outete sich noch schnell gegenüber Nachbarn oder Arbeitskollegen, bevor sein Name in der Zeitung stand. Sogenannte konspirative Wohnungen, wo sich Treffen mit Inoffiziellen Mitarbeitern abspielten, wurden ebenfalls bekannt. Dazu gehörte eine Gartenlaube in der Nähe des von uns gepachteten Kleingartens, was uns sehr überraschte.

Eine Gruppe von nicht hauptamtlichen Mitarbeitern des Staatssicherheitsdienstes ist wenig bekannt. Über sie wird kaum diskutiert. Es sind die sogenannten Auskunftspersonen (abgekürzt AKP). Wenn hauptamtliche Mitarbeiter den Lebensbereich eines Observierten erkundeten, zum Beispiel sein Wohnumfeld, wandten sie sich nicht an irgendjemand. Sie befragten nur die Auskunftspersonen, die in der zuständigen Dienststelle des Staatssicherheitsdienstes in Listen erfasst waren. Man kann wohl davon ausgehen, dass die Zahl der registrierten Auskunftspersonen beträchtlich höher lag als die der eigentlichen Inoffiziellen Mitarbeiter.

Im März 1992 beantragte ich Akteneinsicht bei der für meinen Wohnsitz zuständigen Außenstelle des Bundesbeauftragten für die Unterlagen des Staatssicherheitsdienstes. Im Juni 1994 konnte ich die Akte lesen, die man über mich angelegt hatte. Wegen Überlastung der Behörde ging es nicht zeitiger. Um die Unterlagen eingehender durchzuarbeiten, bat ich darum, mir eine Kopie per Post zuzuschicken.

Der dicke Brief verließ die Behörde nachweislich wenige Tage später, kam aber nie an. Womöglich entwendete ihn jemand aus unserem Hausbriefkasten. Wer von der Postsendung wusste und an ihr interessiert war, blieb unklar. Vielleicht waren es ja frühere Mitarbeiter des Staatssicherheitsdienstes in meiner Wohnumgebung. Das Amt kannte einen solchen Verlustvorgang bisher nicht. Vorsorglich holte ich die danach vereinbarte Zweitkopie persönlich ab.

Die ausgehändigte Aktenkopie belegte deutlich, dass der Staatssicherheitsdienst wissenschaftliche Mitarbeiter von Hochschulen dauerhaft überwachte. Die Akte war offenbar unvollständig. Dafür sprach, dass die Unterlagen darin lediglich aus den Jahren 1975 bis 1989 stammten und Kopien von persönlichen Dokumenten fehlten, die die zuständige Personalabteilung, vormals Kaderabteilung genannt, sehr wahrscheinlich dem Staatssicherheitsdienst zugeleitet hatte. Bearbeitungsformulare, die der Staatssicherheitsdienst vielfach abgeheftet hatte, waren nicht aussagekräftig. Man muss befürchten, dass zahlreiche wichtige Dokumente aussortiert und vernichtet worden waren.

Die Akte enthielt drei sogenannte Ermittlungsberichte aus den Jahren 1975, 1982 und 1988. Die Berichte fassten die Aussagen von Auskunftspersonen in zwei Wohngebieten zusammen. Schon vorhandene Informationen fügte man hinzu. Einige Fragen, die offenkundig zu einem verwendeten Frageschema gehörten, wiederholten sich. Es waren zum Beispiel Fragen nach dem privaten Auto, nach einem Wochenendhaus und danach, ob die Staatsflagge an Feiertagen aus dem Fenster gehängt wurde.

Nicht alle Angaben stimmten. Die drei Berichte enthielten zusammen nicht weniger als zehn eindeutige Falschinformationen. Dass Befragungen von Wohnungsnachbarn stattfanden, blieb uns nicht verborgen. Einmal kriegte sogar unser minderjähriger Sohn im Treppenhaus mit, dass zwei Mitarbeiter des Staatssicherheitsdienstes eine Nachbarin ansprachen und etwas über unsere Familie wissen wollten. Man befragte fast immer zu zweit, vielleicht weil kein Mitarbeiter dem anderen traute. Wie ich von Befragten glaubhaft erfuhr, verleugneten die Fragesteller im Allgemeinen ihre Dienststelle, wenn sie sich vorstellten, und gaben vor, vom Ministerium des Inneren zu kommen, was weniger anrüchig war.

In der Akte befand sich die Niederschrift einer Aussage eines Inoffiziellen Mitarbeiters, der sehr wahrscheinlich meinem Umfeld zuzuordnen ist. Selbst dieser Text wies eine Falschinformation auf.

Wie weit die Observation ging, illustrieren zwei kleinere Dokumente, die man womöglich versehentlich in der Akte beließ. Der Staatssicherheitsdienst spähte selbstverständlich die Leipziger Messe intensiv und umfangreich aus. Da war es ihm eine Meldung wert, dass ich den Stand einer westdeutschen pharmazeutischen Firma aufsuchte.

Als ich Verwandten aus Westdeutschland, die uns besuchten, unseren Garten zeigte, den wir in einer Kleingartenanlage gepachtet hatten und der zufällig einer sowjetischen Kaserne gegenüberlag, aktivierte man gleich die Spionageabwehr.

Die weiteren Dokumente bezogen sich auf private Reisen in die Bundesrepublik Deutschland, die man ab 1986 in dringenden Familienangelegenheiten beantragen konnte, und auf eine Dienstreise nach Westdeutschland. Für diese Dienstreise, die nur wenige Monate vor dem Mauerfall stattfand, hatte man mich nach jahrelangem Zögern erstmalig als Reisekader für das sogenannte nichtsozialistische Währungsgebiet bestätigt.

23
Die Nationale Volksarmee

Als der Zweite Weltkrieg ausbrach, war ich drei Jahre alt und neun an seinem Ende. Ich bin im Krieg groß geworden. Vor allem das letzte Kriegsjahr, das ich schon ganz bewusst erlebte, hat mich nachhaltig geprägt. Ich verlor meine Heimat Ostpreußen und musste das Schicksal des mittellosen Flüchtlings erleiden. Ich erlebte die Tragödie der Kriegshandlungen, doch zum Glück größtenteils aus der Ferne. Die deutsche Bevölkerung nahm die Anwesenheit ausländischer Besatzungssoldaten nach dem Zweiten Weltkrieges als unvermeidliche Folge des verlorenen Krieges hin, wollte aber bis auf Weiteres von Krieg und eigenem Militär nichts wissen.

Schon im Oktober 1948 hielt man in der Sowjetischen Besatzungszone dennoch die Zeit für reif, allmählich mit dem Aufbau militärischer Strukturen zu beginnen. Die sowjetische Militärverwaltung befahl, sogenannte Bereitschaften der schon gegründeten Volkspolizei zu bilden und in Kasernen unterzubringen.

Im Juli 1952 entstand daraus die Kasernierte Volkspolizei (abgekürzt KVP). Sie war die Vorläuferin der Nationalen Volksarmee. Ihre Uniformen ähnelten denen des sowjetischen Heeres, was bei der ostdeutschen Bevölkerung gar nicht gut ankam.

Im Januar 1956 überführte man die Kasernierte Volkspolizei in die Nationale Volksarmee. Die neu gestalteten Uniformen erinnerten an die der ehemaligen deutschen Wehrmacht. Die Nationale Volksarmee bestand aus den Kommandos Landstreitkräfte, Luftstreitkräfte/Luftverteidigung und Volksmarine. Die Grenztruppen bildeten ursprünglich das vierte Kommando, ehe man sie 1971 dem Ministerium für Nationale Verteidigung direkt unterstellte. Fast vergessen ist, dass die Nationale Volksarmee bis etwa fünf Monate nach dem Mauerbau eine reine Freiwilligenarmee war.

Im Juni 1955 gründete man für die Kasernierte Volkspolizei eine sogenannte Militärmedizinische Sektion an einer Universität. Die dafür genutzten Gebäude waren 1940 als Lazarett der Luftwaffe errichtet worden. Die Sektion diente der Ausbildung von Sanitätsoffizieren. Studenten, die die Laufbahn eines Sanitätsoffiziers einschlagen wollten, absolvierten an der Universität derselben Stadt ein Vollstudium in den Fachrichtungen Medizin, Zahnmedizin oder Pharmazie. An der Militärmedizinischen Sektion erhielten sie eine gesellschaftswissenschaftliche, eine militärische und eine sogenannte spezialfachliche Zusatzausbildung. Im Oktober 1956 übernahm die Nationale Volksarmee diese Einrichtung.

Mein erster Kontakt, den ich zu den Streitkräften der Deutschen Demokratischen Republik hatte, hing mit der Militärmedizinischen Sektion zusammen. Im Juli 1956 lag die Ärztliche Vorprüfung gerade hinter mir. Der klinische Teil des Studiums an einer anderen Hochschule stand bevor.

Zu dieser Zeit suchte die Militärmedizinische Sektion, die sich noch in der Anfangsphase befand, ganz dringend Freiwillige für die Ausbildung zum Sanitätsoffizier. Offiziere der Nationalen Volksarmee, die erst seit wenigen Monaten existierte und die die Militärmedizinische Sektion noch gar nicht übernommen hatte, führten lange und intensive Werbegespräche mit allen männlichen Studierenden unseres Studienjahres. Die Damen und Herren, die uns Marxismus-Leninismus gelehrt hatten, beteiligten sich eifrig an der Werbeaktion.

Womit man uns locken wollte, weiß ich nicht mehr. Es kann sein, dass es die Aussicht war, nach dem Studium gleich zum Oberleutnant befördert oder besser als die zivilen Kollegen bezahlt zu werden. Soweit ich mich erinnere, hielt sich der Werbeerfolg in Grenzen.

Mein zweiter Kontakt mit der Nationalen Volksarmee ergab sich daraus, dass man sie von einer Freiwilligenarmee in eine Wehrpflichtigenarmee umwandelte. Das Wehrpflichtgesetz, das im Januar 1962 erschien, legte einen Grundwehrdienst fest, der 18 Monate dauerte. Alle Männer im Alter von 18 bis 26 Jahren hatten ihn abzuleisten. Als Altersgrenze galt der 31. Dezember des Jahres, in dem das 26. Lebensjahr vollendet wird. Im Mai 1962 wurde ich 26 Jahre alt. Die Alterskontrolle funktionierte. Man übersah mich nicht und bestellte mich noch vor Jahresende zur Musterung ein.

Als wehrdiensttauglich für die Landstreitkräfte befunden, wurde ich Reservist der Motorisierten Schützen, die man militärisch verkürzt Mot.-Schützen nannte. Die Mot.-

Schützen sind ein Teil der Motorisierten Infanterie. Sie werden mit Kraftfahrzeugen an die Front gebracht und kämpfen dann „abgesessen", das heißt zu Fuß. Man hatte mich ungefragt der Truppe zugeordnet, die gemeinhin als „Kanonenfutter" charakterisiert wird. Der Wehrpass blieb im Wehrkreiskommando. Dorthin hatte ich Änderungen meiner Wohnanschrift und meine Auslandsreisen mitzuteilen.

Mein dritter Kontakt mit der Nationalen Volksarmee war wieder medizinischer Art. Im September 1966, während meiner Zeit als Assistenzarzt in einer Mecklenburger Klinik, delegierte mich die zuständige Stadtverwaltung in eine Kommission zur Einberufung von Wehrpflichtigen.

Ich hatte eine Woche lang Musterungen vorzunehmen und war in dieser Zeit von meinen Aufgaben in der Klinik freigestellt. Die jungen Männer wurden sorgfältig ärztlich untersucht. Für die Einschätzung ihrer Wehrtauglichkeit waren die bei der Musterung erhobenen medizinischen Befunde und daneben militärische Vorgaben zu berücksichtigen. Es mangelte offensichtlich an Militärärzten, weshalb man für die Musterung von Wehrpflichtigen auf zivile Ärzte zurückgriff.

Nach dem Ende der Deutschen Demokratischen Republik wurden Teile der Nationalen Volksarmee dem neu geschaffenen Bundeswehrkommando Ost unterstellt. Bis dahin war es mir leider nicht vergönnt gewesen, meiner Wehrpflicht nachzukommen. Die Reservistendienste hatten ohne mich stattgefunden. Anscheinend gehörte ich einem sogenannten „weißen Jahrgang" an, der militärisch uninteressant war, aus welchen Gründen auch immer.

24
Die Wende

Im Herbst 1989 bediente sich Egon Krenz, der Nachfolger Erich Honeckers, öffentlich des alten deutschen Wortes Wende, bezogen auf eine Änderung der Politik der Sozialistischen Einheitspartei Deutschlands. Die ostdeutsche Bevölkerung hingegen verstand unter Wende die Gesamtheit des gesellschaftlichen Umschwungs seit Sommer 1989. Bei enger Auslegung endet der Umschwung mit der freien Wahl zur Volkskammer im März 1990. Im Empfinden der Ostdeutschen indes gehört alles zur Wende, was den Prozess der Wiedervereinigung ausmacht.

Schon im Mai 1989 begann der Untergang der Sozialistischen Einheitspartei Deutschlands und des Staates Deutsche Demokratische Republik. Nach der Kommunalwahl wies man der Partei- und Staatsführung nach, Wahlergebnisse gefälscht zu haben. Im Alltag merkte man, dass es mit der Wirtschaft bergab ging. Alarmierende ökonomische Daten sickerten aus zentralen Stellen durch.

Die Führung der Sozialistischen Einheitspartei Deutschlands isolierte sich gegenüber den östlichen Nachbarn, weil sie die politische Entwicklung ignorierte, die dort anbrach. Die Russen wollten die europäischen Bruderländer nicht mehr bevormunden. In Polen, in der Tschechoslowakei und in Ungarn strebte man Reformen an. Immer mehr Bürger der Deutschen Demokratischen Republik waren mit ihrem Staat unzufrieden. Eine Massenflucht setzte ein. Über Ungarn und die Tschechoslowakei gelang es, die Bundesrepublik Deutschland zu erreichen. Unter denen, die zurückblieben, nahm die sogenannte friedliche Revolution ihren Anfang. Allmählich entstand eine gewaltige Protestbewegung, die selbst rabiate Reaktionen des Staatssicherheitsdienstes nicht mehr aufhalten konnten. Als zufälliger Zeuge eines solchen Einsatzes musste ich mit ansehen, wie man friedliche Teilnehmer einer Kundgebung brutal aufgriff und festnahm.

Im September und Oktober 1989 gründeten sich neue Parteien, wie Neues Forum, Demokratie Jetzt, Demokratischer Aufbruch und die Sozialdemokratische Partei. Man diskutierte damals viel. In den größeren Städten bekamen die sogenannten Montagsdemonstrationen immer mehr Zulauf. Ich erinnere mich an die eigenartige Situation, dass die Volkspolizei, die früher Demonstrationen auflöste, nun die Demonstranten absicherte. Die Großdemonstration in Leipzig mit etwa 70.000 Beteiligten und dem kreativen Ruf „Wir sind das Volk" erregte internationales Aufsehen.

Scheinbar unberührt von allen Protesten beging die Führung der Sozialistischen Einheitspartei Deutschlands am 7. Oktober 1989 den 40. Jahrestag der Gründung der Deutschen Demokratischen Republik, traditionell mit einer Militärparade und einem vorabendlichen großen Fackelzug der Freien Deutschen Jugend.

Nur elf Tage später zwangen die Spitzengenossen Egon Krenz, Günter Schabowski, Harry Tisch und Willy Stoph ihren Chef Erich Honecker, der gesundheitlich angeschlagen war, zum Rücktritt. Egon Krenz übernahm Honeckers Ämter. Sonst blieb im Politbüro alles beim Alten. Zum 4. November 1989 genehmigte man eine Massenkundgebung auf dem Berliner Alexanderplatz, die mit 500.000 Teilnehmern die größte werden sollte, die die Deutsche Demokratische Republik jemals erlebte. Dort meldeten sich Befürworter und Kritiker des Regimes zu Wort. Drei Tage später trat die Regierung zurück. Neuer Ministerpräsident wurde Hans Modrow, zuvor Bezirksparteichef in Dresden und als Reformer geltend.

Nur zwei Tage danach schrieb der 9. November 1989 Weltgeschichte. Die Berliner Mauer fiel. Niemand hatte das höchsterfreuliche Ereignis vorausgeahnt oder gar vorausgesehen. Eine beiläufige Bemerkung auf einer Pressekonferenz löste eine Weltsensation aus. Es war der emotionalste Tag des Jahres. In ganz Deutschland blieb kein Auge trocken. Ich verfolgte den historischen Abend mit meiner Familie am heimischen Fernsehgerät.

Auch außerhalb Berlins öffnete sich die innerdeutsche Grenze. Es sprach sich schnell herum, dass die Bundesrepublik Deutschland jedem ostdeutschen Besucher ein einmaliges Begrüßungsgeld in Höhe von einhundert D-Mark zahlte. Diese Regelung, schon seit Jahren in Kraft, hatte man nicht kurzerhand abgeschafft, obwohl ein riesiger Ansturm drohte. Alle, die reisen konnten, nahmen das Geldgeschenk liebend gern an.

Wenige Tage nach dem Mauerfall begaben wir uns ebenfalls auf den Trip nach Westen. Mit unserem Auto gerieten wir vor der Grenze in einen kilometerlangen Stau, den die Ausweiskontrollen verursachten, die nach wie vor gründlich erfolgten. Hinter der Grenze empfingen uns viele Einheimische am Straßenrand und winkten uns begeistert zu. Wir fuhren nicht weit von der Grenze einen Ort an und nahmen das Begrüßungsgeld in einer Bank entgegen.

Kam man nach dem Mauerfall nach Berlin, blieb es lange aufregend, die ehemalige Grenze von Ost-Berlin nach West-Berlin wieder problemlos überqueren zu können. Jahrzehntelang hatte man das Brandenburger Tor, durch das man nun wieder gehen konnte, nur aus der Ferne gesehen.

Silvester 1989 verlebten wir im Nordwesten Deutschlands, wohin uns Verwandte eingeladen hatten. Diese Autoreise offenbarte, dass sich die westdeutschen Tankstellen längst noch nicht auf die Zweitaktmotoren ostdeutscher Autos eingestellt hatten, die ein Benzin-Öl-Gemisch benötigten. Ich hatte vorgesorgt und einen Kanister mit Gemisch nebst Einfülltrichter mitgenommen.

Wenn wir ab und zu die Oma in Mecklenburg-Vorpommern besuchten, fuhren wir nicht mehr mit dem Auto um Berlin herum, sondern mitten durch die westlichen Stadtteile Berlins hindurch, um sie besser kennenzulernen und dort auch einzukaufen.

Die fortbestehende Volkskammer fasste Beschlüsse, die bis dahin ungewohnt waren. Vier Tage nach dem Mauerfall kündigten die sogenannten Blockparteien Christlich-Demokratische Union, Liberaldemokratische Partei Deutschlands, Demokratische Bauernpartei Deutschlands und Nationaldemokratische Partei Deutschlands der Sozialistischen Einheitspartei Deutschlands die Gefolgschaft auf. Anfang Dezember 1989 strich man den Führungsanspruch der Sozialistischen Einheitspartei Deutschlands aus der Verfassung der Deutschen Demokratischen Republik. Im Februar 1990 verabschiedete man ein neues Wahlgesetz.

Die Sozialistische Einheitspartei Deutschlands hatte seit Ende Oktober 1989 vergeblich versucht, das politische Handeln erneut zu bestimmen. Sie zerfiel außerdem nach und nach. Viele Mitglieder traten aus. Im Dezember 1989 löste sich das Zentralkomitee der Partei auf. Das Politbüro mit Egon Krenz an der Spitze trat zurück.

Ein außerordentlicher Parteitag beschloss die Umbenennung der Sozialistischen Einheitspartei Deutschlands in Sozialistische Einheitspartei Deutschlands - Partei des Demokratischen Sozialismus (abgekürzt SED-PDS). Zum Parteivorsitzenden wurde Gregor Gysi gewählt. Man wollte nun einen „dritten Weg" zwischen dem Sozialismus, wie man ihn bisher praktizierte, und dem Kapitalismus beschreiten. Ehemals führende Mitglieder, wie Honecker, Mielke und Stoph, schloss man aus der Partei aus. Ab August 1990 hieß die Partei nur noch Partei des Demokratischen Sozialismus (abgekürzt PDS). Unmittelbare Nachfolgerin der PDS wurde die Partei Die Linke.

Im März 1990 fand die einzige demokratische Wahl zur Volkskammer statt. Das Wahlbündnis Allianz für Deutschland, bestehend aus der Christlich-Demokratischen Union, dem Demokratischen Aufbruch und der Demokratisch-Sozialen Union, holte beinahe die Hälfte der Stimmen. Nach Stimmenanteilen folgten die Sozialdemokratische Partei Deutschlands und die Sozialistische Einheitspartei

Deutschlands - Partei des Demokratischen Sozialismus. Im April 1990 wurde Lothar de Maiziére zum Ministerpräsidenten einer Koalitionsregierung aus der Allianz für Deutschland, den Sozialdemokraten und den Liberalen gewählt.

Man unternahm wichtige Schritte, um die Wiedervereinigung Deutschlands vorzubereiten. Im Mai 1990 vereinbarten die beiden deutschen Staaten einen Vertrag über die Währungs-, Wirtschafts- und Sozialunion, der im Juli 1990 in Kraft trat. Im August 1990 beschloss die Volkskammer den Beitritt der Deutschen Demokratischen Republik zur Bundesrepublik Deutschland mit Wirkung vom 3. Oktober 1990 und damit ihre eigene Auflösung. Im August 1990 brachte man noch den deutsch-deutschen Einigungsvertrag unter Dach und Fach und im September 1990 den Zwei-plus-Vier-Vertrag zwischen den zwei deutschen Staaten und den vier Siegermächten des Zweiten Weltkrieges. Das entsprach dem Willen der meisten Ostdeutschen nach dem Mauerfall. Auf Demonstrationen dominierten die Parolen „Wir sind *ein* Volk" (statt wie früher „Wir sind *das* Volk") und „Kommt die D-Mark nicht zu uns, gehen wir zur D-Mark hin".

Die vereinbarte Währungsunion startete am 1. Juli 1990, also noch bevor die Wiedervereinigung in Kraft trat. Schon früh standen die Menschen in den Wechselstellen an, um Ost-Mark in D-Mark umzutauschen. Der Umtauschkurs 1:1 war nach Alter gestaffelt. Er galt für über Sechzigjährige bis 6.000 Ost-Mark, für jüngere Erwachsene bis 4.000 Ost-Mark und für Kinder bis 2.000 Ost-Mark. Darüber liegende Ost-Mark-Beträge wurden im Verhältnis zwei Ost-

Mark gegen eine D-Mark umgetauscht.

Jeder freute sich darüber, jetzt über D-Mark zu verfügen, wusste aber auch, dass ein wirklich gerechter Geldumtausch nicht zu machen war. Die Ostdeutschen verloren mit der Ost-Mark einen großen Teil ihres Eigentums. Man hatte in Ostdeutschland für eine Ost-Mark bestimmt nicht weniger gearbeitet als für eine D-Mark in Westdeutschland.

Auf meiner Arbeitsstelle verblieb in einer Gemeinschaftskasse ein größerer Betrag an Ost-Mark. Wir teilten das Geld zum 2:1-Umtausch untereinander auf und investierten die erzielte D-Mark-Summe in einen Gruppenausflug ins Ausland.

Im Sommer 1990 nutzten wir die neugewonnene Freiheit für Autofahrten in Richtung Westen. In der Schwäbischen Alb blieb uns eine Enttäuschung nicht erspart. Unser Auto vom Typ Wartburg, ausgestattet mit einem Ein-Liter-Zweitaktmotor, schaffte es nicht bis nach ganz oben. Auf halber Höhe mussten wir pausieren und den Motor erkalten lassen. Bei einer Bergtour in Tirol durften wir nicht vergessen, auf längeren Abfahrten den Freilauf auszuschalten, den Autos mit Zeitaktmotor haben. Sonst wäre die Bremskraft des Motors ausgeblieben.

Am Vorabend des 3. Oktober 1990, des Tages der Wiedervereinigung, trafen sich außergewöhnlich viele Menschen auf dem Marktplatz unserer Stadt. Ich weiß noch genau, an welcher Stelle ich mit meiner Familie und Bekannten stand. Man trank im Stehen, vor allem Sekt. Um null Uhr läuteten sämtliche Kirchenglocken der Stadt. Alle waren stark ergriffen und hatten ein „Gänsehauterlebnis".

Die leeren Sektgläser flogen über die Schulter. Es störte niemand, dass die Stadtreinigung am nächsten Tag ein hohes Glasaufkommen haben würde.

Die enorme Umstellung, die wir Ostdeutschen nach der Wiedervereinigung verkraften mussten, betraf das gesamte Privat- und Arbeitsleben. Die fünf ostdeutschen Länder, die es in der zugrunde gegangenen Deutschen Demokratischen Republik zu Anfang schon einmal gab, kamen zu neuen Ehren. Aus westdeutscher Sicht nannte man sie die „neuen Bundesländer". Man musste privat vielerlei neu organisieren, zum Beispiel Personaldokumente, Versicherungen und Geldanlagen.

Im Hochschulbereich zog sich die Überprüfung des Personals noch bis 1993 hin. Politisch belastete Mitarbeiter beschäftigte man nicht weiter. Nicht wenige von ihnen suchten sich eine neue Tätigkeit in Westdeutschland, wo das politische Vorleben in der Regel überhaupt nicht interessierte. Lehre, Forschung und Hochschulstruktur wurden konsequent und ohne Diskussion auf westdeutsche Gepflogenheiten umgestellt.

Wie bei allen größeren Umwälzungen blieb manche kritikwürdige Einzelheit natürlich nicht aus. So hatte es schon ein „Geschmäckle", wenn die Mitglieder einer Berufungskommission am Ende selbst alle zu Professoren berufen wurden. Hin und wieder war auch festzustellen, dass die strikte und bedenkenlose Übernahme westdeutscher Strukturen und Vorschriften mit fachlichen Qualitätseinbußen einherging.

25

Die Ethikkommission

Im März 1991 berief mich der zuständige Rat der Medizinischen Fakultät zum Vorsitzenden einer neu gegründeten Ethikkommission. Ich nahm diese Herausforderung gern an.

Die Kommission betrat Neuland. Ihre Gründung war eine notwendige Folge der deutschen Wiedervereinigung und der Übernahme der gesellschaftlichen Verhältnisse der alten Bundesrepublik. Da die ärztliche Selbstverwaltung bereits aufgebaut worden war, galt das ärztliche Berufsrecht. Die ärztliche Berufsordnung sah vor, dass jeder Arzt eine Ethikkommission zu konsultieren hat, bevor er eine Forschungsuntersuchung am Menschen beginnt. Medizinische Fachzeitschriften weigerten sich zunehmend, Ergebnisse von Studien am Menschen zu veröffentlichen, sofern nicht eine Ethikkommission den Studienplan befürwortet hatte. Das motivierte die forschenden Ärzte zusätzlich, die Stellungnahme einer Ethikkommission einzuholen, denn ein Forscher gilt nichts ohne die Publikation seiner Forschungsergebnisse.

In der Deutschen Demokratischen Republik hatte es keine Ethikkommissionen gegeben. Wer mit Arzeimitteln am Menschen forschte, bedurfte aber der Genehmigung durch den Zentralen Gutachterausschuss für Arzneimittel-verkehr (abgekürzt ZGA).

In der alten Bundesrepublik Deutschland wurden in den 1980er Jahren sogenannte öffentlich-rechtliche Ethik-kommissionen gebildet. Sie waren den Ärztekammern an-gegliedert oder befanden sich an den Medizinischen Fa-kultäten von Hochschulen und in anderen Einrichtungen, die medizinische Forschung betreiben. Daneben traten so-genannte freie Ethikkommissionen auf, die sich privatwirt-schaftlich organisierten und von den Ärztekammern nicht anerkannt wurden.

Unsere Ethikkommission stellte sich die Aufgabe, Ärzte und Zahnärzte zu ethischen und rechtlichen Gesichts-punkten medizinischer Forschung am Menschen zu bera-ten. Das schloss die Begutachtung der klinischen Prüfun-gen ein, die gesetzlich vorgeschrieben waren, also der klinischen Prüfungen nach dem Arzneimittelgesetz, nach dem Medizinproduktegesetz, nach dem Transfusionsge-setz, nach der Strahlenschutzverordnung und nach der Röntgenverordnung.

Die Ethikkommission beriet auch ärztliche Antragsteller aus den akademischen Lehrkrankenhäusern, die mit der Universität kooperierten, sowie nichtärztliche Antragstel-ler, zum Beispiel Psychologen. Darüber hinaus bot die Ethikkommission eine Beratung zu ethischen und rechtli-chen Gesichtspunkten an, die sich bei klinischen Problem-situationen ergaben. Die Einbeziehung von akademischen Lehrkrankenhäusern und das Befassen mit klinischen Pro-blemsituationen waren bundesweite Alleinstellungsmerk-male unserer Kommission.

Die Ethikkommission musste so zusammengesetzt sein, dass sie ihre Aufgaben erfüllen konnte. Die Erfahrungen schon bestehender Ethikkommissionen besagten, dass neun Mitglieder ausreichten. Wir legten fest, dass sich darunter mindestens fünf Ärzte oder Zahnärzte befinden müssten. Zwei von ihnen sollten klinisch erfahren sein. Aus den medizinisch-theoretischen Fächern bevorzugte man Spezialisten der Klinischen Pharmakologie und der Medizinischen Biometrie. Auf keinen Fall fehlen durfte ein Jurist, der zum Richteramt befähigt war und sich möglichst auch im Fachgebiet Medizinrecht auskannte. Außerdem sollten zwei Experten für Ethik der Kommission angehören, einer aus dem Spezialgebiet Ethik in der Medizin und einer aus dem Arbeitsschwerpunkt Ethik der Theologischen Fakultät oder der Philosophischen Fakultät.

Jedes Mitglied hatte einen Stellvertreter, damit die Arbeitsfähigkeit der Kommission ununterbrochen gewährleistet war. Die Mitglieder der Ethikkommission und ihre Stellvertreter wurden vom Rat der Medizinischen Fakultät für die Dauer einer Amtsperiode gewählt.

Die Arbeitsweise der Ethikkommission kennzeichneten einige Besonderheiten. Die Mitglieder der Kommission, die Stellvertreter eingeschlossen, waren in ihren Entscheidungen völlig unabhängig. Sie waren nur ihrem Gewissen verantwortlich und an Weisungen nicht gebunden. Kein Vorgesetzter durfte ihnen reinreden. Die Kommissionsmitglieder waren obendrein streng zur Vertraulichkeit und Verschwiegenheit verpflichtet. Alle Informationen, die sie im Rahmen der Arbeit der Kommission erfuhren, zum Beispiel in den Beratungen oder aus den eingereichten Unterlagen, mussten sie für sich behalten.

Das Endergebnis der Arbeit einer Ethikkommission ist eine Stellungnahme, die man Votum nennt. Wer ein Votum haben wollte, musste einen Antrag stellen. Die Kommission wurde nur auf Antrag tätig. Sollte ein Forschungsvorhaben am Menschen begutachtet werden, stellte der Leiter des Forschungsvorhabens den Antrag. Drei Anlagen mussten beigefügt sein: der Prüfplan, die Probandenaufklärung und die Einverständniserklärung.

Der Prüfplan, den man auch Untersuchungsplan oder Studienprotokoll nennt, beschreibt die Durchführung der Studie im Einzelnen.

Die Probandenaufklärung oder Patienteninformation vermittelt in verständlicher Kurzfassung die Ziele, die Durchführung und die möglichen Risiken der Studie.

Aus der Einverständniserklärung muss klar hervorgehen, dass der unterzeichnende Studienteilnehmer seine Zustimmung zur Studienteilnahme jederzeit widerrufen kann, ohne dass er Gründe anzugeben und Nachteile zu erwarten hat.

Je nach Zielstellung erfolgen Studien an gesunden oder kranken Probanden. Statt Proband kann man auch Studienteilnehmer oder Testperson sagen. Gesunde Probanden bezeichnet man hin und wieder einfach nur als Probanden, kranke Probanden sind natürlich Patienten. Wünschte man ein Votum zu einer klinischen Problemsituation, stellte der verantwortliche Arzt den Antrag und schilderte darin die Situation im Vergleich zur Fachliteratur.

Die Ethikkommission tagte nicht öffentlich. Der Antragsteller wurde jeweils angehört. Mehrere Kommissionsmitglieder hatten vorher die Unterlagen durchgesehen, die der Antragsteller eingereicht hatte. Die Ethikkommission beschloss ihr Votum im mündlichen Verfahren. Mindestens fünf Mitglieder oder Stellvertreter mussten anwesend sein. Der Beschluss konnte einstimmig oder mehrheitlich ausfallen. Eine Enthaltung wertete man als Ablehnung. Wenn Stimmengleichheit bestand, entschied die Stimme des Vorsitzenden. Kommissionsmitglieder, die an Anträgen beteiligt waren, schieden für die Beschlussfassung aus.

Die Ethikkommission gab ihr Votum ausschließlich schriftlich ab. Das Votum konnte sein eine Zustimmung ohne Auflagen, eine Zustimmung mit Auflagen, die noch zu erfüllen waren, oder eine Ablehnung. Änderungen des Prüfplanes und unerwünschte Ereignisse, die während der Durchführung der Studie auftraten, hatte der Antragsteller der Ethikkommission zu melden.

Die Ethikkommission hatte nicht nur die geltenden rechtlichen Regelungen einzuhalten. Sie berücksichtigte darüber hinaus die einschlägigen Empfehlungen des Weltärztebundes und des Arbeitskreises medizinischer Ethikkommissionen, dessen Mitglied sie war. Die Einzelheiten ihrer Arbeit hatte die Kommission in einer Satzung und einer Geschäftsordnung niedergelegt.

Als ich im Juni 2001 altershalber aus dem aktiven Dienst ausschied, hatte die Ethikkommission den normalen arbeitsorganisatorischen und räumlichen Standard noch nicht erreicht. Auf eigenen Wunsch bekam ich Gelegenheit, den Aufbau der Kommission zu vollenden. Bis August 2003, dem Ende der laufenden Amtsperiode des Fakultätsrates, führte ich meine Doppelfunktion als Vorsitzender und Geschäftsführer der Ethikkommission weiter und baute die zugehörige Geschäftsstelle, die noch fehlte, auf. Die Arbeit der Ethikkommission nahm von Jahr zu Jahr zu, sodass man nach meinem Ausscheiden dem Vorsitzenden einen Geschäftsführer zur Seite stellte.

Ich hatte die Ehre, die Ethikkommission von März 1991 bis August 2003 zu leiten. In dieser Zeit überwogen Anträge für Studien mit Arzneimitteln (61% aller Anträge). Den zweiten Platz belegten Studien zu diagnostischen Verfahren (22%) und den dritten Platz Studien zu Behandlungen ohne Medikamente (8%). Die Mitwirkung in der Ethikkommission war, obwohl mit reichlich Arbeit verbunden, eine besonders reizvolle und außerordentlich befriedigende Tätigkeit.

26
Die Krankheit

Einige Jahre lebte ich schon im Ruhestand. Mir ging es gut, und ich dachte, ich sei gesund. Da schreckte mich eine schlimme Diagnose auf. Im Januar 2009 wies man in Gewebeproben nach, dass ich an einem Krebs der Prostata (der Vorsteherdrüse) litt. Im Februar 2009 unterzog ich mich der notwendigen Operation, bei der man die Prostata entfernte.

Es war ein Eingriff mit kleinen Hautschnitten und einem speziellen Endoskop. Normalerweise übersteht man eine solche Operation in ungefähr zwei Wochen. Bei mir folgte allerdings eine lange Leidenszeit, die unbeteiligte ärztliche Kollegen schockierte. Ich musste gegen verschiedene schwere Komplikationen ankämpfen, die in außergewöhnlicher Weise zusammentrafen. Letztlich habe ich zum Glück alles gut überstanden, auch wenn eine längere Zeit dazu notwendig war. Da die Komplikationen in der Häufung, die ich erlebte, sicherlich nicht so oft vorkommen, schildere ich sie im Einzelnen.

Komplikation 1: Das ausschlaggebende Missgeschick war, dass bei der Prostataoperation der Operateur den Enddarm (das Rektum), der an der Prostata vorbeiführt, verletzte. Der eröffnete Enddarm schien durch eine unverzüglich vorgenommene Übernähung wieder verschlossen worden zu sein. Nach der Operation wurde ich künstlich ernährt.

Komplikation 2: Am vierten Tag nach der Operation versagten plötzlich die Atmung und das Herz-Kreislauf-System. Es kam zu Flüssigkeitsansammlungen in der Lunge (einem Lungenödem) und in der Lungenfellhöhle (einem Pleuraerguss). Die Ursache des Atemversagens blieb unklar. Später nahm man eine Lungenentzündung mit begleitendem Herzversagen an.

Komplikation 3: Ich kam in intensivmedizinische Betreuung, wurde in ein länger dauerndes künstliches Koma versetzt und künstlich beatmet. Etwa 16 Tage später war ich zum Teil ansprechbar. Ungefähr 42 Tage später konnte ich wieder normal atmen. Die intensiv-medizinische Behandlung ging einher mit einer Fesselung ans Bett, der Verkabelung mit Überwachungsgeräten und anderen Unannehmlichkeiten. Da ich im künstlichen Koma unfähig war, Entscheidungen zu treffen, wurde ich durch das zuständige Vormundschaftsgericht vorübergehend entmündigt. Meine Ehefrau Ursula, offiziell meine Betreuerin, musste in der Folgezeit zum Beispiel die Zustimmung zu erforderlichen Operationen geben.

Komplikation 4: Eine schwere Allgemeininfektion (eine Sepsis), hervorgerufen durch Bakterien, trat auf.

Komplikation 5: Am siebten Tag nach der Operation legte man einen künstlichen Darmausgang (einen Anus praeter) auf der linken Seite des Bauches an, weil man Hinweise darauf hatte, dass die am Enddarm vorgenommene Übernähung undicht war. Der künstliche Darmausgang sollte nur eine vorübergehende Maßnahme sein. Er blieb leider erfolglos, denn drei Tage später fand man Stuhl im Urin. Man hätte mir also die Unannehmlichkeiten des künstlichen Darmausgangs und dessen Folgen, die später noch auftraten, höchstwahrscheinlich ersparen können.

Komplikation 6: Am siebten Tag nach der Erstoperation kam es zu einer akuten Bauchfellentzündung (einer Peritonitis).

Komplikation 7: Am 15. Tag nach der Erstoperation musste ein Luftröhrenschnitt durchgeführt werden, weil die zulässige Liegezeit des Beatmungstubus in der Mundhöhle ablief. Die Beatmung setzte man nun über eine Trachealkanüle fort, die erst am 56. Tag nach der Erstoperation entfernt werden konnte.

Komplikation 8: Am 19. Tag nach der Erstoperation nahm man eine sogenannte Revisionsoperation vor. Dieses Mal wurde der Unterleib mit einem großen Schnitt eröffnet. Eine kleine röhrenförmige Verbindung, die sich zwischen Enddarm und Harnblase ausgebildet hatte, wurde entfernt. Zwei vorübergehend eingeführte Katheter entlasteten die beiden Harnleiter zirka drei Wochen lang.

Komplikation 9: Am 19. Tag nach der Erstoperation wurde ein unangenehmer Krankenhauskeim aus der Bakteriengruppe der Enterokokken bei mir nachgewiesen. Der Erreger verursachte eine schwere Infektion der Harnwege.

Komplikation 10: Am 30. Tag nach der Erstoperation stellten sich Herzrhythmusstörungen ein, die unter gezielter Behandlung zurückgingen.

Komplikation 11: Eine Folge der Langzeitbeatmung war eine sogenannte Critical-illness-Polyneuropathie, wörtlich eine Nervenkrankheit infolge einer schweren Krankheit. Die Störung ging später langsam zurück.

Komplikation 12: Am 57. Tag nach der Erstoperation musste ich erneut eine schwere bakterielle Allgemeininfektion hinnehmen. Auslöser waren Staphylokokken.

Komplikation 13: Meine lange Bettlägerigkeit führte zu einer allgemeinen Muskelschwäche. Die Umstände der intensivmedizinischen Betreuung schränkten meine Beweglichkeit zusätzlich ein. Ich konnte nur auf dem Rücken oder auf der rechten Seite liegen. Als man mich am 68. Tag nach der Erstoperation zur Rehabilitation verlegte, musste ich mich auf zwei kräftige Männer stützen, wenn ich ein paar Schritte gehen wollte. In fünf Wochen schafften es erfahrene Physiotherapeuten, mich vom Rollstuhl über das Gehen mit dem Rollator bis zum Gehen ohne Gehhilfe zu mobilisieren. Es verging noch ein ganzes Jahr, bis meine Beinmuskeln wieder voll funktionierten.

Komplikation 14: In der Rehabilitationsklinik stellte man bei mir die Besiedlung mit einem zweiten Krankenhauskeim fest. Es handelte sich um eine Staphylokokkenart.

Komplikation 15: Mit der Zeit gab die Bauchdecke um den künstlichen Darmausgang herum dem Innendruck des Bauches nach, sodass sich an dieser Stelle ein Bauchdeckenbruch in rund 12 Wochen herausbildete.

Komplikation 16: Etwa 16 Wochen lang blieb der künstliche Darmausgang in Funktion. Dann wurde er in einer Chirurgischen Klinik zurückverlagert. Der Bauchdeckenbruch ließ sich bei dieser Operation leider nicht beseitigen. Wieder auf natürliche Weise Stuhlgang zu haben, verbesserte meine Lebensqualität erheblich. Vor der Operation hatte ich einen Zwischenaufenthalt zu Hause. Da gelang es meiner Frau, mich von den zwei Krankenhauskeimen zu befreien, die ich aufgegabelt hatte. Sie führte zwei Wochen lang ein strenges Hautentkeimungsregime mit mir durch, das dem aktuellen Hygienestandard entsprach. Aus der Rehabilitationsklinik in Westdeutschland hatte mich zuvor ein Taxi nach Hause gebracht. Es überraschte mich und machte mich betroffen, dass der Taxifahrer, ein jüngerer Westfale, zehn Jahre nach der deutschen Wiedervereinigung zum ersten Mal Ostdeutschland aufsuchte.

Komplikation 17: Im Zusammenhang mit der Prostataoperation und der unmittelbaren Nachbehandlung erfolgten viele Bluttransfusionen. Für diese Notfallversorgung standen offenbar nicht genügend Blutkonserven meiner Blutgruppe zur Verfügung. Deshalb erhielt ich zum Teil Konserven einer ähnlichen Blutgruppe, was wohl vertretbar war, aber dazu führte, dass sich Antikörper ausbildeten. Ich muss nun ständig einen Notfallpass mit mir führen, um mich vor einem denkbaren Transfusionszwischenfall zu bewahren.

Komplikation 18: Mit den vielen Bluttransfusionen gelangte reichlich Eisen in meinen Körper, das nur durch Aderlässe wieder herausbefördert werden kann. Ich benötigte sechs ambulante Aderlässe, bei denen jeweils 400 Milliliter Blut abflossen, um den Eisenspiegel zu normalisieren.

Komplikation 19: Drei Jahre nach der Rückverlagerung des künstlichen Darmausganges entschloss ich mich, den verbliebenen Bauchdeckenbruch operativ beseitigen zu lassen.

Mein ungewöhnlicher Krankheitsverlauf war vermutlich schicksalhaft. Ich musste sehr froh sein, alle Schwierigkeiten einigermaßen überwunden zu haben. Manch ärztlicher Kollege hatte mich schon aufgegeben. Um ganz sicher zu sein, dass kein ärztlicher Kunstfehler vorlag, hatte ich eine juristische und medizinische Prüfung meiner Behandlungsunterlagen veranlasst. Im Ergebnis der Prüfung schloss man Behandlungsfehler aus. Gutachterlich wurde darauf verwiesen, dass die bei der Prostataoperation entstandene Verletzung des Enddarms eine seltene Komplikation sei und auch bei sachgerechtem Vorgehen im Einzelfall unvermeidbar sei. Ich akzeptierte die gutachterliche Entscheidung, hegte aber doch gewisse Zweifel, ob die Verletzung des Enddarms wirklich unvermeidbar war.

27
Der Garten

Gut 30 Jahre lang, von April 1982 bis Mai 2012, hatten wir einen Kleingarten in einer Gartenanlage gepachtet. Bis Januar 2001 wohnten wir in seiner Nähe, nur eine Viertelstunde Fußweg entfernt. Danach, als die Entfernung auf sechs Kilometer angewachsen war, fuhren wir zumeist mit dem Auto hin, selten mit dem Fahrrad oder ganz selten, weil zu umständlich, mit der Straßenbahn.

Bevor wir den Zuschlag für den Garten erhielten, lag unser Antrag schon drei Jahre lang beim Verband der Kleingärtner, Siedler und Kleintierzüchter (abgekürzt VKSK). Dieser Verband war Träger der Kleingartensparten, wie man die Gartenanlagen nannte, und galt als Massenorganisation, in etwa vergleichbar mit einer Gewerkschaft. Der Vorstand der Gartenanlage, die wir im Auge hatten, sagte uns unverhohlen, dass man uns absichtlich zurückstelle, weil man Handwerker bevorzuge, die bei Gemeinschaftsarbeiten besser einsetzbar wären. Der Garten, den man uns schließlich doch zuwies, war ziemlich verwahrlost. Allem Anschein nach wollte ihn niemand anders haben.

In den 1970er und 1980er Jahren bestand eine große Nachfrage nach Kleingärten in Gartenanlagen. Das hatte sicherlich verschiedene Gründe. Nur wenige Stadtbewohner besaßen ein eigenes Haus mit Garten. Wer in einem Mietshaus, egal ob alt oder neu, wohnte, sah in einem Garten besondere Möglichkeiten der Freizeitgestaltung. In einem Garten konnte man zum Beispiel beliebig lange an der frischen Luft sein, sich körperlich ausgiebig belasten, grillen und auch größere Feste feiern. In der Mangelwirtschaft, die herrschte, war es des Weiteren von Vorteil, sich mehr oder weniger selbst mit Gemüse, Obst und Blumen versorgen zu können.

Der Kleingarten, den wir übernahmen, zeichnete sich durch mehrere Eigenheiten aus, die mir gleich gefielen. Er lag an einem Nebenweg der Gartenanlage, sodass uns kein reger Publikumsverkehr behelligte. Er befand sich sich am Rand der Gartenanlage, war also ein sogenannter Außengarten. Hinter dem Außenzaun ging ein Fahrweg vorbei, was den logistischen Vorteil hatte, ein Fahrzeug an den Garten heranfahren und über den Zaun entladen zu können. Diesem Vorteil stand allerdings der Nachteil gegenüber, für die Reparatur des Außenzaunes sorgen zu müssen, falls ihn Sturm oder Vandalismus beschädigte.

Darüber hinaus war es aus unserer Sicht ein großer Vorteil, dass im Garten mehrere hohe ältere Obstbäume standen, nämlich zwei Birnbäume, zwei Pflaumenbäume, ein Apfelbaum und ein Süßkirschenbaum. Die Bäume spendeten in reichem Maße Schatten und verliehen dem Garten einen parkähnlichen Charakter. Im Unterschied zu vielen anderen Gartenpächtern holzten wir die Bäume nicht ab. Wir versuchten hingegen, den parkähnlichen Eindruck des Gartens noch zu verstärken, indem wir einige schnell wachsende Bäume zusätzlich anpflanzten und eine ziemlich große Rasenfläche neu anlegten.

Die andere Seite des Fahrweges, der an unserem Garten vorbeiführte, grenzte an ein weitläufiges Kasernengelände, das die sowjetische Armee während ihrer gesamten Besatzungszeit belegt hatte. Genau gegenüber unserem Garten hielten die russischen Soldaten eine große Anzahl Schweine zur Selbstversorgung. Die Schweine tummelten sich den ganzen Tag über in einem Außengehege. An die Geräusch- und Geruchsbelästigung, die sie verursachten, hatten wir uns bald gewöhnt. Auch Gäste vom Land, die uns im Garten besuchten, störten sich nicht daran. Sie meinten vielmehr, bei ihnen zu Hause quieke und röche es ähnlich.

Die Fläche des Gartens betrug rund 425 Quadratmeter und hatte die Form eines Trapezes mit zwei rechten Winkeln, einem stumpfen Winkel und einem spitzen Winkel. Die zwei kürzeren Seiten des Trapezes bildeten die Grenzen zu den zwei Nachbargärten.

Den sehr heruntergekommenen Garten mussten wir völlig neu gestalten, was ausgesprochen interessant, aber auch höchst arbeitsaufwendig war. Zunächst nahmen wir uns die Zäune vor. Wir waren zuständig für die Zäune an zwei der vier Seiten des Gartens, an der vordere Seite, wo man in den Garten hineinging, und an einer der zwei Seiten zu den Nachbargärten. Bei nebeneinander liegenden Gärten trug man nur für einen der zwei Zwischenzäune Verantwortung. Wie unser Vorgänger entschieden wir uns für den Zwischenzaun, der sich rechts vom Garteneingang befand. Die Begrenzung auf der linken Seite oblag dem linken Nachbarn.

Der Außenzaun, ein Gemeinschaftsprojekt der Gartenanlage, war bei unserem Gartendebüt ein hoher Lattenzaun. Unser Vorgänger hatte in etwas unordentlicher Weise versucht, den Zaun mit Brettern und Kartonagen
blickdicht zu machen. Wir brachten stattdessen Matten aus
Naturrohr an.

Vor der Innenseite des Außenzaunes platzierten wir
Fliederpflanzen, die wir in aufgegebenen Gärten der Umgebung zuhauf fanden. Die Fliederhecke wuchs schnell
und wurde recht hoch. Als wir später einen Teil der Fliederhecke zugunsten einer Ligusterhecke entfernten, stellten wir überrascht fest, wie tief und weit Fliederwurzeln
verlaufen. Seitdem raten wir von Fliederhecken ab.

Den alten hölzernen Außenzaun erneuerte man später,
indem man einfach einen modernen Zaun aus Maschendraht davorsetzte. Am alten Zaun, der innerhalb des Gartens stehen geblieben war, entfernten wir die Holzlatten,
wechselten morsche Holzriegel aus und beließen die Pfos-
ten, die aus Metall gefertigt waren. Am verbliebenen Ge-
rüst befestigten wir Sichtschutzfolie in Augenhöhe.

Die Zäune an der vorderen und rechten Gartenseite gestalteten wir völlig neu. Wir bestellten maßgerechte Zaun-
pfähle aus Metall, die wir in Eigenleistung einbetonierten
und lackierten. Das Betonieren beherrschten wir nach kurzer Einarbeitung ganz gut. Selbst schlechtes Wetter mit Regen und Wind konnte uns nicht davon abhalten, die Pfähle
zu setzen. Für den vorderen Zaun kauften wir fertige Lat-
tenzaunteile in einem Sägewerk der Region. Mit dem Auto
und einem ausgeliehenen Anhänger holte ich sämtliche
Teile auf einmal ab. Die Latten der Zaunteile mussten wir

etwas kürzen, ließen sie aber länger als vorgeschrieben, um später ungebetenen Gästen ein Übersteigen des Zaunes zu erschweren. Auf der rechten Gartenseite verwendeten wir für den Zaun neuen Maschendraht, den wir aus dem nahegelegenen Herstellerwerk holten.

Die Vorgabe, auf mindestens einem Drittel der Gartenfläche Gemüse und Obst anzubauen, erfüllten wir locker. Mit dieser Vorgabe wollte man wohl die vom Staat eingeplante Eigenversorgung der Kleingärtner mit Gemüse und Obst absichern. In unserem Garten diente eine größere baumfreie Fläche ausschließlich dem Gemüseanbau. Wir legten sogenannte Europabeete an, 60 Zentimeter breit und durch 30 Zentimeter breite Wege voneinander getrennt. Einfache Messlatten, die unsere Kinder bastelten, erleichterten diese Arbeit.

Immer im Herbst gruben wir die Gemüsefläche um, und im Frühjahr danach richteten wir die Beete wieder ein. Mehrere Beete behielten wir Kartoffeln vor. Meine Frau und ich wussten, wie man Kartoffeln anbaut, da wir unsere Kindheit auf dem Land verbracht hatten. Die Kartoffeln schmeckten am besten, wenn man sie gleich nach dem Ernten zubereitete, egal auf welche Weise. Einige Gartennachbarn, die dem Anbau von Kartoffeln zunächst skeptisch gegenüberstanden, ahmten ihn bald nach.

Größere Flächen nahmen ferner Tomaten und Erdbeeren ein. Unsere Obstbäume lieferten vor allem Zwetschgen, blaue große und gelbe große Pflaumen sowie Süßkirschen. Mit anderen Obstarten hatten wir weniger Erfolg. Blumen wuchsen auf gesonderten Beeten. Das ganze Jahr über bot unser Garten ein farbenfrohes Bild.

Die Gartenzäune waren nicht die einzigen Baumaßnahmen im Garten, die wir zu bewältigen hatten. Es fehlte sowohl ein Schuppen für die Gartengeräte als auch eine Laube, in die wir uns bei schlechtem Wetter hätten zurückziehen können. Um diesen Mangel zu beheben, nahmen wir das Angebot an, aus einer anderen Gartenanlage eine ausgemusterte kleine Gartenlaube zu übernehmen.

Beim Abbau des Holzhäuschens nummerierten wir alle Bretter, was den Wiederaufbau in unserem Garten erleichterte. Die kleine Laube besaß eine Grundfläche von zirka zwei mal zwei Metern, eine Tür, ein Fenster mit Fensterladen und eine Sitzbank vor dem Fenster. Wir legten den Fußboden mit Ziegelsteinen aus und unterteilten den Innenraum mit einem Vorhang. Den vorderen Teil erklärten wir zu unserer provisorischen Laube. Im hinteren Teil verstauten wir unsere Gartengeräte. Das Häuschen war so stabil, dass wir es später als Schuppen in unseren Laubenbereich einbeziehen konnten und es unsere gesamte Gartenzeit durchhielt.

Eine Gartenlaube, die aus Fertigteilen bestand, hatten wir bald nach Erhalt unseres Gartens bestellt. Nach zwei Jahren traf sie ein. Sie war 4,80 Meter lang und 3,60 Meter breit und schloss einen überdachten Freisitz ein. Die Bodenfläche des Innenraumes betrug gut 14 Quadratmeter. Elemente aus Hartfaserplatten und Hartpapierwaben bildeten die Wände. In die Elemente waren zwei Türen und zwei Fenster eingesetzt. Die aus Holz gefertigte Dachkonstruktion trug Dachplatten aus gewelltem Kunststoff.

Das Fundament der Laube, das aus dem Erdboden herausragte, errichteten wir unter der fachlichen Anleitung durch meinen Cousin Bodo, der im Tiefbau arbeitete und uns auch Fertigbeton vermittelte. In die kellerartige Vertiefung, die wir in das Fundament einließen, passten genau zwei Bierkästen hinein. Bei der Montage der Laube fanden wir tatkräftige Unterstützung durch Bekannte.

Die fertige Laube verfügte über Anschlüsse für Strom, Wasser und Abwasser. Mittels Gasflasche und Gaskocher konnten wir in einem Küchenabteil kochen. Regale in diesem Abteil enthielten Küchengeräte und Kochzutaten. Mit ausrangierten Möbeln, Decken, Kissen und Kleinteppichen richteten wir die Laube gemütlich ein. Da man auch Geschirr, Besteck und Gläser vor Ort brauchte, entstand im Garten ein zusätzlicher Minihaushalt. Sogar einen kleinen Kühlschrank installierten wir.

Den Freiraum zwischen der Laube und dem alten Häuschen, das jetzt nur noch Schuppen war, versahen wir mit einem Dach. Auf ein Fundament neben dem Schuppen stellten wir ein vorgefertigtes hölzernes Toilettenhäuschen, zu dem wir Sickergrube, Wasserspülung und Lampenlicht ergänzten.

Den Aushub an Muttererde, der bei der Ausschachtung für das Fundament der Laube anfiel, verwerteten wir zusammen mit Betonplatten und Winkeleisen für ein Etagenbeet, das sich gut für Gewürzpflanzen eignete. Hinter dem Schuppen bauten wir eine Kompostanlage mit zwei Kammern, sodass wir das Kompostgut umwälzen konnten. Darüber brachten wir ein waagerechtes Gestell in Anlehnung an Vorbilder vom Balkan an, auf dem Weinreben rankten.

In einem überdachten Lagerregal, das wir aufstellten,

bewahrten wir Holz und andere Materialien auf. Aus stärkeren Latten schufen wir ein Rosentor, das den Hauptweg des Gartens überspannte und mit roten und gelben Kletterrosen bestückt war. Um den verbliebenen Rest an Kies aufzubewahren, bauten wir eine spezielle Kiste. Das Regenwasser, das die Dächer von Laube und Schuppen sammelten, fingen wir in Wassertonnen auf. Den Hauptweg des Gartens legten wir mit Platten aus Kalkstein aus, die wir aus einem weiter entfernten Steinbruch heranschafften. Für einige Nebenwege nahmen wir handelsübliche Betonplatten.

Mit den Baumaßnahmen fand die mehrjährige Neugestaltung des Gartens ihren Abschluss. Um die Ordnung, die wir im Garten erreicht hatten, aufrechtzuerhalten, entsorgten wir nunmehr jegliches Gerümpel sofort. Mit der Zeit verfügten wir über alle Werkzeuge und Geräte, die man im Garten nicht entbehren kann.

Die Laube weihten wir mit allen, die am Bau beteiligt gewesen waren, gebührend ein. Es folgten zahlreiche weitere Festlichkeiten im Grünen. Gartenmöbel standen genügend zur Verfügung. Ein Partyzelt, das wir günstig erwarben, leistete gute Dienste bei Regenwetter. Man konnte ohne Weiteres in der Laube übernachten. Wir taten es jedoch nur ein einziges Mal.

Zur Erledigung von Gemeinschaftsaufgaben der Gartenanlage hatten wir jedes Jahr eine Reihe von Arbeitsstunden zu erbringen. Die Arbeitsleistung konnte entfallen, wenn man statt ihrer einen festgelegten Geldbetrag einzahlte. Gemeinsame Einsätze erfolgten zum Beispiel im Zusammenhang mit der Erneuerung des Außenzaunes der

Anlage und bei der Neugestaltung der Stromversorgung und der Wasserversorgung der Kleingärten. Größtenteils ging es aber darum, die öffentlichen Wege der Gartenanlage sauber und instand zu halten.

Zu der jährlichen Mitgliederversammlung kamen wir Kleingärtner in einem geeigneten Saal außerhalb der Gartenanlage zusammen. Lange Zeit betrieb die Gartenanlage eine kleine Gaststätte, die öffentlich zugänglich war und deren Erlöse dazu führten, dass wir weniger Pacht zahlten als die Kleingärtner in den Gartenanlagen ohne Gaststätte.

Die Wende brachte auch Veränderungen für die Kleingärtner. Unsere Gartensparte wandelte sich in einen selbstständigen eingetragenen Verein um. Das Bundeskleingartengesetz trat in Kraft. Seine Bestimmungen, die zum Teil von alten Gewohnheiten abwichen, waren zu beachten. Die Russen zogen aus der Nachbarschaft ab. Die Baumärkte, die überall aus dem Boden schossen, eröffneten dem Kleingärtner eine neue Welt spezieller Angebote, sodass manches Provisorium aus den Gärten verschwand.

Den Garten nach so langer Zeit abzugeben, fiel uns ein wenig schwer. Von uns steckten viel Arbeit, Kreativität und Herzblut darin. Schließlich waren drei Gründe maßgebend. Erstens spürten wir, dass unsere Leistungsfähigkeit infolge Alter und Krankheit allmählich abnahm. Man muss schon in guter körperlicher Verfassung sein, um den Gartenbau gewissenhaft betreiben, das Unkraut laufend entfernen und die baulichen Einrichtungen ständig warten zu können. Zweitens stimmte das Verhältnis von Aufwand und Nutzen nicht mehr. Gemüse und Obst konnte man billiger kaufen als erzeugen. Drittens benötigten wir den

Garten eigentlich nicht mehr, um darin größere Familien-feiern abzuhalten.

Obwohl wir uns intensiv bemühten, fanden wir keinen richtig geeigneten Nachfolger als Gartenpächter. Zu guter Letzt gaben wir den Garten für ein Taschengeld her, damit er überhaupt weitergeführt wurde.

28
Der Rügenurlaub

Auf Rügen, Deutschlands größter Insel, kann man vortrefflich Urlaub machen. Wir taten es 42 Mal in Folge und bereuen es nicht.

Unsere Zuneigung zu Rügen ging auf eine Begegnung in einem städtischen Park zurück, in dem junge Mütter ihre kleinen Kinder ausfuhren. Meine Frau kam ins Gespräch mit anderen Müttern und hörte von einer privaten Urlaubsadresse auf Rügen. Wir nahmen Kontakt auf und verbrachten im Sommer 1975 dort unseren ersten Rügenurlaub.

An der Ostsee waren private Urlaubsadressen rar. Einen Platz in einem Ferienheim zu erwischen, war genauso schwer. Große Betriebe verfügten über eigene Heime, deren Belegung sie selbst regelten. Um in ein anderes Heim oder auf einen Campingplatz zu kommen, bedurfte es einer zentralen Zuweisung.

Unser erstes Urlaubsquartier war in einem kleinen Ort im Norden Rügens. Ein Ehepaar, etwa in meinem Alter, vermietete uns ein mittelgroßes Zimmer im eigenen Haus, das mit Reet gedeckt war. Das Zimmer bot genügend Platz für unserer Familie, bestehend aus zwei Erwachsenen und zwei Kindern.

Wir schliefen zum ersten Mal in einem reetgedeckten Haus. Ein Reetdach sei nicht ganz ungefährlich, erfuhren wir von unseren Gastgebern. Im Brandfall sei mit Löschen nicht viel auszurichten. Daher hielten sie immer, wenn ein Gewitter aufzöge, ihre wichtigsten Papiere und Wertsachen griffbereit in Koffern.

Unsere Wirtsleute waren umgänglich und gastfreundlich. Leider verleiteten sie meine Frau und mich am Begrüßungsabend dazu, mehr Alkohol zu trinken als wir vertrugen. Durch einen schlimmen Brechreiz mitten in der Nacht aus dem Schlaf gerissen, übergaben wir uns notgedrungen durch das ebenerdige Fenster auf den Hof. Am nächsten Morgen wollten wir das Herausbeförderte entfernen. Doch wir staunten nicht schlecht, dass die nächtliche Verunreinigung bereits weg war. Die Hühner und Gänse, die auf dem Hof frei umherliefen, hatten ganze Arbeit geleistet.

Wir waren mit dem Auto angereist. Auch am Urlaubsort kam man ohne Fahrzeug nicht aus. Schon um einzukaufen, musste man größere Nachbarorte anfahren. Der Strandabschnitt, den wir uns zum Baden ausguckten, war ungefähr neun Kilometer entfernt. An ihn kehrten wir all die Jahre immer wieder zurück.

In diesen Urlaub fiel der dritte Geburtstag unseres Sohnes. Als wir das erste Mal am Strand waren, erklärte uns der kleine Mann, er gehe erst ins Wasser, wenn er drei Jahre alt sei. Er machte das tatsächlich wahr. Bis zu seinem Geburtstag ließ er sich Meerwasser in einem kleinen Eimer zu seinem Liegeplatz bringen und in eine Strandvertiefung gießen. An seinem Geburtstag sagte er vergnügt, jetzt sei es soweit, und lief in die Ostsee.

In der Deutschen Demokratischen Republik bildete die Ostseeküste ein bewachtes Grenzgebiet. Wer sich nach 22 Uhr noch am Strand aufhielt, wurde von den Grenzsoldaten kontrolliert und fortgeschickt. Jeden Abend erlebten wir vor Eintritt der Dämmerung ein eigenartiges Ritual. Grenzsoldaten transportierten riesige Scheinwerfer an den Strand, um sie dort an bestimmten Standorten aufzustellen. Solche Scheinwerfer kannte ich noch aus dem Zweiten Weltkrieg, als man mit ihnen den Himmel nach feindlichen Flugzeugen absuchte. Jetzt benutzte man die Scheinwerfer dazu, küstennahe Bereiche der Ostsee auszuleuchten, damit man Fluchtversuche über die Ostsee frühzeitig erkennen und vereiteln konnte.

Rügen liegt nicht in den Tropen oder Subtropen. Nicht jeder Tag glänzte mit Strandwetter. Wenn die Sonne nicht schien, das Wetter kühl, windig oder regnerisch war, unternahmen wir Ausflüge mit dem Auto, um die zahlreichen, zum Teil noch wenig bekannten Sehenswürdigkeiten Rügens kennenzulernen. Die gut ausgebauten Straßen luden regelrecht dazu ein.

Da das Wetter den Erfolg eines Ostseeurlaubs mitbestimmt, beobachteten wir es genauer. Bald meinten wir herausgefunden zu haben, dass in der letzten Juliwoche und in der ersten Augustwoche auf Rügen sonniges Wetter überwiegt. Da sich unsere Erkenntnis in den Folgejahren zu bestätigen schien, versuchten wir, die Urlaubstermine auf Rügen so zu legen, dass sie tunlichst die letzte Juliwoche einschlossen. Das klappte nur, wenn man wie wir mindestens ein Jahr im Voraus den nächsten Termin fest vereinbarte.

Bis 1981 machten wir jedes Jahr Sommerurlaub in unserem ersten Quartier. Danach vermieteten unsere Gastgeber das Zimmer nicht mehr, empfahlen uns aber an ihren Neffen weiter, der in einem Dorf in der Nähe ebenfalls Feriengäste aufnahm.

Unser zweites Urlaubsquartier auf Rügen beherbergte uns zwei Jahrzehnte lang, von 1982 bis 2001. Die Entfernung zu unserem Strandabschnitt, dem wir treu blieben, war nun noch größer als vom ersten Quartier aus. Sie betrug annähernd dreizehn Kilometer. Doch das störte kaum. Wichtiger war es, ein Quartier zu haben. Andere Urlauber nahmen weitaus längere Anfahrtsstrecken in Kauf. Unsere jetzt jüngeren Gastgeber vermieteten auf ihrem Grundstück ein Nebenhaus an drei Urlaubsfamilien zugleich. Später schränkten sie die Vermietung auf eine einzige Ferienwohnung für Stammgäste ein, zu denen sie uns rechneten.

Eine Eigenheit unseres neuen Quartiers war, dass man sich auf dem Hof mit Urlaubern aus der Nachbarschaft traf. Die anderen Urlauber kamen vorwiegend aus Thüringen. Ein Höhepunkt dieser Treffen war ein gemeinsames Spanferkelessen, das wir 1984 organisierten. Einer der Gastgeber hatte ein ausgeschlachtetes Spanferkel und eine Grilleinrichtung beschafft. Die anwesenden Männer wechselten sich darin ab, das Ferkel über den glühenden Kohlen zu drehen. Es dauerte schon eine Weile, bis der Braten richtig gar war. Das frisch zubereitete Fleisch mitsamt Schwarte schmeckte vorzüglich zu trocken Brot. Dazu gab es Bier und verschiedene andere alkoholische und nichtalkoholische Getränke.

In diesem Quartier hielten wir uns tagsüber ebenfalls nur selten auf. Blieb das Strandwetter aus, erkundeten wir die Insel per Auto. Das Dorf war deutlich größer als unser erster Urlaubsort. Man hatte dort sogar einen Lebensmittelladen und gleich mehrere Gaststätten. Ab 1991 verkürzten wir unseren Sommerurlaub auf Rügen von bis dahin drei auf nun zwei Wochen, weil wir die neu gewonnenen Möglichkeiten, im Ausland Urlaub zu machen, nicht ungenutzt lassen wollten.

Nachdem unsere Vermieter leider zunehmend in wirtschaftliche Schwierigkeiten geraten waren, verschlechterten sich die Bedingungen für die Unterbringung von Urlaubsgästen drastisch. Die von uns belegte Ferienwohnung wurde kaum noch nachgefragt. Trotzdem nahmen wir sie weitere Jahre in Anspruch, auch um unsere Gastgeber ein wenig mit der Mietzahlung zu unterstützen. Im Sommer 2001 fühlten wir uns dann aber nicht mehr wohl in dem zweiten Quartier. Wir gingen auf intensive Suche nach einer neuen Bleibe und wurden fündig.

Unser drittes Quartier lag dem Strandabschnitt, den wir seit Jahren aufsuchten, am nächsten. Die Entfernung betrug nur dreieinhalb Kilometer. In den Jahren 2002 bis 2015 waren meine Frau und ich dort sehr gern zu Gast. Ab 1990 fuhren wir nur noch zu zweit nach Rügen, nachdem unsere Kinder ihre eigenen Wege gingen.

Unsere neue Unterkunft war eine kleine Ferienwohnung in einem Einfamilienhaus. Die Miniwohnung bestand aus einem Wohn- und Schlafzimmer, einer Küche mit eingebauter Dusche, einer Toilette und einem Flur. Aus dem Zimmer blickten wir auf einen großen gepflegten

Garten. Mit den Gastgebern verstanden wir uns gut.

An unserem Strandbereich kannte man sich seit Jahren. Chronische Urlaubswiederholer wie wir trafen sich traditionell jedes Jahr an derselben Stelle. Im Laufe der Jahre wurde man Zeuge ungezählter Familiengeschichten, darunter Hochzeiten und Scheidungen, Geburten von Kindern und Enkeln, Krankheits- und Todesfälle. Die Älteren waren in der Regel die zuverlässigeren Weggefährten, da die herangewachsenen Kinder ihre Eltern oftmals nicht mehr zum Strandurlaub begleiteten. An strandfreien Tagen unternahmen wir ausgedehnte Ausflüge auch von diesem dritten Quartier aus.

Wir bedauerten es sehr, dass der für 2016 fest eingeplante Urlaub nicht mehr zustande kam, weil unser Wirt verstarb. Ein neues Langzeitquartier wollten wir uns nicht mehr suchen. Um uns von unseren jahrelangen Miturlaubern am Strand auf jeden Fall verabschieden zu können, buchten wir eine Ferienwohnung für eine Woche über das Internet. Die vereinbarte Zeit lag innerhalb der zwei Wochen des ursprünglich geplanten Urlaubs.

Die Ferienwohnung befand sich im Nachbarort des letzten Quartiers. Bis zu unserem Strand fuhren wir von dort aus ungefähr sechs Kilometer. Die Ferienwohnung war gut ausgestattet, aber vergleichsweise teuer. Wir trafen unsere Bekannten noch einmal, leider nicht alle, und besuchten einige markante Stellen der Insel, die wir seit längerem nicht gesehen hatten. Dabei spürten wir, dass unser langjähriges außergewöhnliches Urlaubserlebnis Rügen, das so interessant und erholsam gewesen war, allmählich ausklang.

In den 42 Jahren, in denen wir Sommerurlaub auf Rügen machten, schafften wir es nur einmal, zur ebenfalls reizvollen Nachbarinsel Hiddensee überzusetzen. Auch haben wir längst nicht alle der vielen landschaftlichen, geologischen und historischen Sehenswürdigkeiten kennengelernt, die Rügen zu bieten hat.

Um die Insel komplett auszukundschaften, benötigt man ganz gewiss mehr Zeit als die, die man sich nimmt, wenn man wetterbedingt dem Strand fernbleibt. Immerhin haben wir die spannende Entwicklung der Insel Rügen in den letzten Jahrzehnten mitbekommen, auch den Bau der gewaltigen Brücke zum Festland.

29

Der Auslandsurlaub

Meine Frau und ich fuhren gern ins Ausland. Wir wollten andere Länder sehen und verstehen und, wenn wir uns nach Süden begaben, auch beständiges Sommerwetter genießen.

Als wir Bürger der Deutschen Demokratischen Republik waren, konnten wir normalerweise nur in Länder reisen, die dem sogenannten sozialistischen Währungsgebiet angehörten. Unsere Hochzeitsreise, die 1968 nach Rumänien führte, blieb vor der Wende unsere einzige gemeinsame Auslandsreise. Vor unserer Hochzeit hatte ich allerdings schon Urlaubsreisen in die Sowjetunion, nach Polen, Ungarn, Jugoslawien, Kuba und Bulgarien allein unternommen.

Nach der Wiedervereinigung Deutschlands stand uns mit einem Mal die ganze Welt offen. Das beflügelte unsere Reiselust. Ab 1990 fuhren meine Frau und ich jedes Jahr mindestens einmal ins Ausland. Unsere Kinder machten zu diesem Zeitpunkt bereits getrennt von uns Urlaub. Den alljährlichen Inlandsurlaub auf Rügen, mittlerweile eine schöne Tradition, gaben wir zuerst einmal nicht auf, verkürzten ihn aber. Wir nahmen uns vor, jedes Reiseziel im Ausland nur einmal aufzusuchen, was uns im Großen und

Ganzen auch gelang.

Die meisten Reisen gingen nicht über Europa hinaus, schon aus finanziellen Gründen. Häufigstes Ziel war Spanien. Von den Balearischen Inseln lernten wir Mallorca und Ibiza nebst Formentera kennen. Auf Mallorca überraschte uns ein lang anhaltender Regen. Herrliches Sommerwetter empfing uns dagegen auf den Kanarischen Inseln Gran Canaria, Fuerteventura, Teneriffa und Lanzarote.

Auf Gran Canaria verlor ich meine Brille. Unbekümmert und ohne die Brille abzusetzen, war ich in den Atlantik gestiegen. Als ich mich anschickte, das Wasser wieder zu verlassen, überrollte mich eine außergewöhnlich hohe Welle plötzlich von hinten. Die Brille war unversehens weg. Umstehende äußerten spöttisch, ein großer Fisch könne jetzt bestimmt besser sehen.

Natürlich hatte ich weder eine Ersatzbrille mit noch das Kärtchen vom Optiker mit den Angaben über die Stärke meiner Brillengläser. Da ich ohne Brille nicht scharf genug sehen konnte, musste mir meine Frau helfen, das nächste Brillengeschäft zu finden. Eine nette, deutschsprechende Optikerin besorgte mir in kurzer Zeit eine hochwertige neue Brille. Sie verriet mir, dass ich nicht der Erste sei, der seine Brille im Atlantik zurückließe. Nach unserer Heimkehr leistete mir die neue Brille noch jahrelang gute Dienste als Arbeitsbrille im Garten. Seitdem habe ich nie wieder vergessen, eine Ersatzbrille auf Reisen mitzunehmen.

Fuerteventura überzeugte mit seinen herrlichen Badeständen. Auf Teneriffa bestiegen wir den Teide, den höchsten Berg Spaniens. Lanzarote führte uns vor Augen, wie man mit Vulkanlandschaften umgeht, auch künstlerisch.

Auf dem spanischen Festland besichtigten wir das wundervolle Andalusien im Rahmen einer Busrundreise. In Malaga wollte ich unbedingt Malaga-Eis probieren, das ich am Eisstand zu Hause gern wähle. Es enttäuschte mich sehr, dass die Eisverkäufer in Malaga die Sorte überhaupt nicht kannten.

In Sevilla streikte meine Digitalkamera, sodass ich die vielen eigenen Bilder der attraktiven Stadt komplett einbüßte und auf deutlich weniger Downloads von Sevilla-Fotos aus dem Internet angewiesen war. Es war das vierte Mal, dass ich im Ausland Probleme mit einer Kamera hatte.

Am zweithäufigsten besuchten wir Italien. Bereits unsere erste Auslandsreise nach der Wende, eine Busreise, hatte Riccione an der Adria zum Ziel. Der Reisepreis, der pro Person nur gut dreihundert D-Mark betrug, deckte eine sechstägige Vollpension in einem Hotel sowie Ausflüge nach Florenz, Venedig und San Marino ab.

Zehn Jahre später flogen wir direkt nach Florenz und hatten dort einen Verlust zu beklagen. Meiner Frau wurde, was kaum zu glauben ist, die Brieftasche aus dem Hotelzimmer entwendet. Mehrere Monate später, der Diebstahl war schon fast vergessen, händigte die heimische Meldestelle meiner Frau die gestohlenen Ausweise aus, die die Deutsche Botschaft in Italien entgegengenommen und nachgeschickt hatte. Die Brieftasche selbst und das Geld, das sich neben den Ausweisen darin befand, blieben, was nicht verwundert, verschwunden.

Eine Busreise brachte uns nach Rom und zum Vatikan, nach Neapel und zur bezaubernden Insel Capri, zu den Ausgrabungen von Pompei und nach Verona. Auf dieser Reise fotografierte ich zum ersten Mal mit einer Digitalkamera. Ich hatte noch zu wenig Erfahrung mit dem neuen Kamerasystem und versäumte es, den Akku rechtzeitig nachzuladen. Jedenfalls fiel mitten im Petersdom die Kamera aus. Dank des vielseitigen Postkartensortiments, das der Vatikan bereithielt, konnte ich das Defizit an eigenständigen Fotos verschmerzen.

Später waren wir an der Blumenriviera und auf Sardinien. An der Smaragdküste Sardiniens gingen wir auf Tuchfühlung mit der Welt der Reichen, die mit superteuren Yachten im nahen Hafen anlegten, in luxuriösen Ferienhäusern verweilten und nur in extravaganten Boutiquen shoppten. Wir erinnern uns gern an ein uriges sardisches Hirtenessen im Wald, das uns verschiedene Köstlichkeiten der heimischen Küche nahebrachte, insbesondere auch die beliebten inseltypischen Gewürze Myrte und Rosmarin.

Nach Griechenland reisten wir vier Mal, nämlich auf die Inseln Kos, Korfu, Euböa und Kreta. Kos interessierte mich, weil dort Hippokrates, der Vater der Medizin, geboren wurde. Das gebirgige türkische Festland hatte man dort stets vor Augen. Bodrum, nächstgelegener Ort in der Türkei und nur wenige Kilometer Luftlinie über Wasser entfernt, lud zu Einkäufen per Schiff ein.

Von Korfu aus sah man auf dem Festland die albanischen Berge jenseits der nördlichen Grenze von Griechenland. Die österreichische Kaiserin Sissi hatte ihre Sommerresidenz auf Korfu, die später der deutsche Kaiser Wilhelm II. übernahm, kunstvoll angelegt.

Die Insel Euböa, die im Norden bis auf wenige Meter an das griechische Festland heranreicht, ist touristisch erst wenig erschlossen. Sehr lehrreich waren die Ausflüge aufs Festland, nach Athen, Delphi und Mykenae. Eine blaue Lnie markiert die klassische Marathonstrecke, die vom Ort Marathon bis ins Athener Stadtzentrum verläuft.

Auf Kreta zeugen die berühmten Ausgrabungen von Knossos von der ersten europäischen Hochkultur. Ich beteiligte mich im Hotel am Boccia-Spiel und war ganz stolz darauf, als Anfänger die Erfahrenen gelegentlich mit guten Würfen zu überraschen. Die auf Kreta übliche Olivenöl-Zitronen-Marinade halten wir für eine kulinarische Meisterleistung.

In Frankreich waren wir dreimal, davon zweimal nur einen Tag lang. Kurz nach der Wende nahmen wir an einer Busreise nach Paris teil. Wir erkundeten die Innenstadt größtenteils zu Fuß, erklommen den Eiffelturm und fanden das französische Standardfrühstück nicht so toll. Während eines Urlaubs im Schwarzwald überquerten wir den Rhein zu einer Tagesvisite in Straßburg. Unsere Busreise zur italienischen Blumenriviera bezog ein Stück von Frankreich ein. Wir besichtigten Cannes und Nizza an der Côte d'Azur. Der Besuch in einer Parfümfabrik war recht aufschlussreich und führte dazu, dass wir dort seit Jahren sehr zufriedene Versandkunden sind.

Südeuropäische Länder, die wir im Urlaub aufsuchten, waren ferner Portugal, Monaco, Malta und Zypern. In Portugal sonnten wir uns am Atlantikstrand der Algarve und verbrachten einen Tag in der Hauptstadt Lissabon. Von der italienischen Blumenriviera aus besichtigten wir an einem Tag das kleine, aber feine Fürstentum Monaco. In Malta verblüffte uns ein Straßenname in der Hauptstadt La Valetta. Die Ursula Street trug den Namen meiner Frau. Im südlichen Zypern trafen wir auf zahlreiche russische Gäste. Die Gaststätten präsentierten ihre Speisen deswegen auch in russischer Sprache. Diese Reise schloss eine Minikreuzfahrt im östlichen Mittelmeer als speziellen Teil ein.

In unsere Nachbarländer Niederlande, Belgien, Luxemburg, Österreich und Dänemark fuhren wir mit dem eigenen Auto. In Österreich waren wir in Salzburg, auf dem Großglockner und per Bus in Wien. In Dänemark übernachteten wir in sogenannten Familien-Jugend-Herbergen, die es in dieser Form anscheinend nur dortzulande gibt. Die dänische Insel Bornholm erreichten wir mit einem Schiff von Rügen aus. Der Bornholmer, ein speziell geräucherter Hering, wird mit grobem Salz gegessen.

Auf einer Busreise nach Großbritannien besuchten wir London, Windsor und Oxford. Stürmischer Wellengang erschwerte die Fährüberfahrt von Calais nach Dover. Man hatte große Mühe, ein Imbisstablett zu balancieren.

Im Verlaufe einer Rundreise durch Schottland stießen wir auf zauberhafte Landschaften, sympathische Menschen und den vorzüglichen schottischen Whisky (im Unterschied zum irischen Whiskey ohne e geschrieben). Seither mögen wir Whisky, es muss nur ein Single Malt Scotch Whisky sein.

Bei einem Abstecher auf unserer Andalusien-Tour lernten wir auch die britische Kronkolonie Gibraltar kennen, wo die einzige Zufahrtsstraße die Start- und Landebahn des Flughafens wegen Platzmangels kreuzt.

Auf einer Busreise durch die Schweiz bestaunten wir das berühmte Matterhorn und viele andere landschaftliche Attraktionen. Wie man den Gruyère-Käse herstellt, der ausgezeichnet schmeckt, wurde uns vorgeführt. Zum Kreisverkehr sagt man Rundumli in der Schweiz, was sich viel netter anhört als die deutsche Bezeichnung.

Auf einer langen Busreise zum Nordkap kamen wir durch Dänemark, Schweden, Finnland und Norwegen. In Kopenhagen mussten wir bei einer Stadtbesichtigung Taschendiebe abwehren. Man erklärte uns, sie reisten vom Balkan ein und blieben nur wenige Tage in Dänemark, sodass sie schwer zu ergreifen wären. Im finnischen Lahti hatte man im Sommer den Auslauf der bekannten Skisprungschanze in ein Schwimmbecken umgewandelt. Am Nordkap, einem kommerzialisierten touristischen Massenziel, verhinderten Starkregen und Nebel leider jegliche Fernsicht. Die hellen Nächte nördlich des Polarkreises blieben ein unvergessliches Erlebnis. Oslo liefen wir später bei einer Minikreuzfahrt an.

Unsere Reiseländer in Asien waren die Türkei, Israel, Thailand, Indien, Abu Dhabi und Dubai. Die türkische Riviera glänzte mit einem auffallend warmen Mittelmeer, sodass selbst Bademuffel ins Wasser gingen. Istanbul imponierte durch seine Lage am Bosporus.

Ein Teil unserer kleinen Kreuzfahrt, die von Zypern ausging, war eine Tagesfahrt nach Israel. Eine spätere Rundreise durch Israel gehörte zu unseren schönsten und eindrucksvollsten Auslandsfahrten überhaupt. Das Leben im Kibbutz, soweit wir es mitbekamen, erinnerte an das in den früheren Landwirtschaftlichen Produktionsgenossenschaften in der Deutschen Demokratischen Republik.

In Thailand flogen wir nach einer Rundreise um Bangkok auf die Urlaubsinsel Koh Samui, die den kleinsten Flugplatz der Welt haben soll. Die Rundreise überschattete ein Diebstahl aus dem verschlossenen Reisebus. Es war wohl organisierte Kriminalität, der ungezählte Wertsachen aus der Touristengruppe zum Opfer fielen.

In Indien statteten wir mehreren Städten im Norden einen Besuch ab, zum Beispiel Delhi und Agra, wo wir das weltberühmte Grabmal Taj Mahal bewunderten. In keinem anderen Land erschien uns das alltägliche Straßenbild so knallig bunt.

Die Rückreise unterbrachen wir in einem Fünfsternehotel in Abu Dhabi, das weit in der Wüste am Arabischen Golf lag. Eine spätere Reise nach Dubai schloss einen Ausflug nach Abu Dhabi mit ein. Das herausragende Erlebnis in Dubai war eine Fahrt mit dem Lift in die 124. Etage des Burj Khalifa, des höchsten Bauwerkes der Welt. In Dubai konnten wir ferner einem reiterlosen Rennen mit Kamelen beiwohnen, mit der modernen Metro führerlos fahren und den fjordartigen Creek mit altmodischen Wassertaxis überqueren. Meine Kamera, die ich in einem Bus vergessen hatte, bekam ich problemlos zurück.

In Afrika waren wir in Tunesien, Marokko, Ägypten und Kenia. Unsere erste Flugreise nach der Wende buchten wir nach Tunesien. Da während der Reise unsere Silberhochzeit anstand, enthielt ein Koffer das Silberkrönchen, das ich meiner Frau geschenkt hatte. Wenn das

Krönchen unterwegs bei einer Kofferkontrolle auf dem Monitor erschien, begeisterte es die kontrollierenden Damen.

Die Rundreise durch Marokko empfanden wir als sehr angenehm. Den symbolischen Geldbetrag, den wir bei der Abgabe unseres Kleingartens eingenommen hatten, setzten wir im märchenhaften Fes in einen dekorativen großen Bronzeteller um.

Nach Ägypten kamen wir in zwei Tagesausflügen. Bei unserer kleinen Mittelmeerkreuzfahrt von Zypern aus gingen wir in Suez an Land und fuhren mit dem Bus nach Kairo und zu den Pyramiden von Gizeh. Im Ägyptischen Museum in Kairo erklärte man uns, dass erst vor kurzem dort ein Terroranschlag verübt worden sei. Der zweite Tagesausflug führte von Israel aus zum weltberühmten Kloster Sankt Katharina auf der ägyptischen Halbinsel Sinai. Mitten im Kloster versagte unerwartet mein Fotoapparat. Zurück in Israel, musste ich mir eine neue Kamera kaufen.

Die Reise nach Kenia war insofern etwas Besonderes, weil man dort quasi die Seele Schwarzafrikas spürte. Nachdem wir in der afrikanischen Wildnis eine abenteuerliche und erlebnisreiche Safari unternommen und in mehreren Lodges übernachtet hatten, erholten wir uns am Indischen Ozean. Als Souvenir brachte ich einen wunderschönen handgeschnitzten Gehstock mit, der auf der Rückreise nicht in den Koffer passte. Die netten einheimischen Angestellten des Flughafens betrachteten das Extragepäck verwundert und fragten mich sichtlich ergriffen: „Papa, was hast Du Dir denn da mitgenommen?"

Auf dem amerikanischen Kontinent waren meine Frau

und ich in der Dominikanischen Republik und in den Vereinigten Staaten von Amerika. Lange vor der Wende hatte ich allein schon Kuba besucht. Die Flugreise in die Dominikanische Republik stand anfangs unter keinem guten Stern. Das Flugzeug, das uns über den Atlantischen Ozean befördern sollte, war defekt und wurde elf Stunden lang vor unseren Augen auf dem Flugplatz repariert. Zusätzlich belastete uns, dass vor Kurzem ein Flugzeug in der Nähe des Zielflughafens ins Meer gestürzt war. Von der Verspätung abgesehen, verlief unser Flug dann doch noch komplikationslos.

Unser zweiter Amerikaflug betraf New York. Bei der Reisevorbereitung fiel uns auf, dass die käuflichen Stadtpläne von New York meistens den prominenten Stadtteil Manhattan zuungunsten der übrigen vier Stadtteile bevorzugten. Wir wohnten mitten in Manhattan, nicht weit vom Times Square entfernt. Auf eigens für uns organisierten Busfahrten sammelten wir vielerlei, teils nur flüchtige Eindrücke von der umtriebigen Stadt. Wir blickten zum Beispiel vom Rockefeller Center auf die außergewöhnlichen Wolkenkratzer Manhattans hinunter, fuhren mit dem Schiff zur imposanten Statue of Liberty und statteten Harlem und Brooklyn einen Besuch ab. Vor der Reise war uns nicht geläufig, dass die Stadt New York auch breite, urlauberfreundliche Sandstrände am offenen Atlantik aufzuweisen hat.

30
Das Wiedersehen

Es vergingen 68 Jahre, bis es möglich war, die Orte meiner Kindheit in Ostpreußen wiederzusehen. Im Alter von acht Jahren hatte ich meine ostpreußische Geburtsstadt verlassen, als 1944 die Ostfront des Zweiten Weltkrieges bedrohlich näher rückte. Eine Reihe von Erinnerungen an meine damalige Umgebung hatte ich bewahrt, an Personen, Örtlichkeiten und Geschehnisse.

Die Region Ostpreußen als Ganzes indessen kannte ich so gut wie gar nicht. Als Kind kam man für gewöhnlich ja nur von zu Hause weg, wenn die gesamte Familie verreiste, zum Beispiel zu Verwandten. Ebenso wenig wusste ich über die Geschichte Ostpreußens Bescheid, was im Alter von bis zu acht Jahren auch nicht verwundert. Erst nach 1990 hatte ich die Möglichkeit, mich über die frühere deutsche Provinz Ostpreußen eingehend zu informieren.

Die Rote Armee, später in Sowjetarmee umbenannt, eroberte Ostpreußen in der sogenannten Schlacht um Ostpreußen, die sich von Januar 1945 bis April 1945 hinzog. Die Verantwortlichen vor Ort hatten die Evakuierung der ostpreußischen Bevölkerung leichtfertig hinausgezögert.

Die lange propagierte Durchhaltetaktik wurde erst im Januar 1945 aufgegeben. Da herrschte schon Winter, und der Landweg nach Westen war abgeschnitten. Völlig unnötig kamen Zivilisten massenweise ums Leben. Sie starben in Kampfhandlungen auf dem Land, ertranken im Frischen Haff, weil das Eis nicht hielt, oder gingen mit Schiffen, die versenkt wurden, in der Ostsee unter.

Die Siegermächte spalteten Ostpreußen, nachdem der Zweite Weltkrieg zu Ende gegangen war, in einen nördlichen Teil und einen südlichen Teil auf. Diese historisch bedeutsame Aufteilung erfolgte ausgesprochen willkürlich. Das Potsdamer Abkommen sah vor, den nördlichen Teil sowjetischer Verwaltung und den südlichen Teil polnischer Verwaltung zu unterstellen. Die endgültige Regelung des Problems Ostpreußen sollte einem gesamtdeutschen Friedensvertrag vorbehalten bleiben. Die neuen Verwaltungen hatten nichts Eiligeres zu tun als die wenigen Deutschen zu vertreiben, die sich noch in Ostpreußen aufhielten.

Unterdessen gibt es völkerrechtlich verbindliche Festlegungen. Der nördliche Teil des früheren Ostpreußen ist eine Exklave der Russischen Föderation und trägt die Bezeichnung Kaliningrader Gebiet. Der südliche Teil des früheren Ostpreußen wurde dem Staatsgebiet Polens eingegliedert. Der Zwei-plus-Vier-Vertrag von 1990 und der deutsch-polnische Grenzvertrag von 1990 besagen, dass das vereinte Deutschland die bisherigen Außengrenzen der Vorgängerstaaten, also der Bundesrepublik Deutschland und der Deutschen Demokratischen Republik, endgültig übernimmt. Alle Ansprüche auf Gebiete außerhalb Deutschlands gab man auf.

Deutschland und Polen verbindet eine offene Grenze,

da beide Staaten der Europäischen Union angehören. Der südliche, polnische Teil des früheren Ostpreußen ist deshalb ohne weiteres zu erreichen. Wer in den nördlichen, russischen Teil möchte, benötigt ein Visum. Mein Geburtsort liegt im nördlichen Teil.

Schon geraume Zeit vor meiner Reise an Orte der Vergangenheit hatte ich mich etwas genauer mit der Geschichte Ostpreußens befasst. Ursprünglich bewohnten die Prussen, es handelte sich um baltisch-indogermanische Stämme, das Gebiet des späteren Ostpreußen.

Im dreizehnten Jahrhundert eroberte der Deutsche Orden den Landstrich, den man nun Preußen nannte. Der Deutsche Orden, ein geistlicher Ritterorden, betrieb Christianisierung im Auftrag von Kaiser und Papst. Es entstand ein einzigartiges Gebilde, der Deutschordensstaat. Königsberg, die Hauptstadt Ostpreußens, wurde 1255 gegründet. Der Name Königsberg geht auf „König" Ottokar II. von Böhmen zurück, der die Stadtgründung unterstützte. Nach 1466 verkleinerte sich der Ordensstaat auf den östlichen Teil Preußens.

Daraus erwuchs 1525 das Herzogtum Preußen unter Herzog Albrecht von Preußen, der zuvor letzter Hochmeister des Deutschen Ordens gewesen war. Das Herzogtum stellte den ersten evangelischen Staat in Europa dar. Der polnische König trat die Oberhoheit über das Herzogtum Preußen, die er anfangs innehatte, 1657 an den Kurfürsten von Brandenburg und dessen Nachfahren ab. Der Kurfürst von Brandenburg wurde damit souveräner Herzog in Preußen. Kurfürst Friedrich III. von Brandenburg krönte sich 1701 als Friedrich I. zum König *in* Preußen.

König Friedrich II. von Preußen bestimmte, dass ab 1773 die bisherige Provinz Preußen samt dem Ermland den Namen Ostpreußen und das annektierte Polnisch-Preußen den Namen Westpreußen trug. Der Staat Preußen, dessen Bezeichnung sich von der Provinz Ostpreußen herleitet, ging 1871 im Deutschen Reich auf. Bis 1871 befand sich Ostpreußen außerhalb des Heiligen Römischen Reiches und des Deutschen Bundes.

Nach dem Ersten Weltkrieg erklärte der Friedensvertrag von Versailles die Region Ostpreußen zu einer Exklave. Ab 1920 war zwischen Ostpreußen und dem übrigen Deutschen Reich ein polnischer Korridor einzurichten. Fuhr man dann auf dem Landweg durch polnisches Gebiet, musste man gewisse Einschränkungen in Kauf nehmen. Nur auf dem Seeweg und auf dem Luftweg konnte man noch ungehindert nach Ostpreußen und zurück reisen.

Der Zweite Weltkrieg, den Hitlerdeutschland vom Zaun brach, beendete 1939 zwar die geografische Abtrennung Ostpreußens, führte aber schließlich dazu, dass Deutschland diesen jahrhundertealten Landesteil unwiderruflich verlor.

Im September 2012 reiste ich gemeinsam mit meiner Frau Ursula und unserem Sohn Markus in das frühere Ostpreußen. Wir waren mit dem eigenen Auto 10 Tage lang unterwegs. Unser Sohn, den die Familiengeschichte ebenfalls interessierte, fuhr uns.

Die Russische Föderation hatte vor kurzem die Reisebedingungen für das Kaliningrader Gebiet erleichtert. Man konnte nun ohne weiteres mit dem privaten Auto in das

Gebiet einreisen und im Gebiet umherfahren. Ein hiesiges Reisebüro besorgte uns die Visa, die wir für Russland benötigten, und organisierte Hotelunterkünfte, die wir im Voraus in Euro bezahlten.

Am ersten Reisetag überquerten wir die offene deutsch-polnische Grenze bei Frankfurt (Oder) und verbrachten die Nacht im südlichen, polnischen Teil des früheren Ostpreußen.

Am zweiten Reisetag verschafften wir uns einen groben Überblick über das südliche Ostpreußen, zu dem ich allerdings kaum persönliche Beziehungen hatte. In der polnischen Gedenkstätte Wolfsschanze besichtigten wir die Reste von Hitlers militärischem Hauptquartier. Am 20. Juli 1944 scheiterte hier ein Attentat auf Hitler.

Gegen Abend passierten wir den östlichen Grenzübergang zum nördlichen, russischen Teil des früheren Ostpreußen. Die polnische Seite fertigte uns deutlich zügiger ab als die russische. Ein russischer Grenzer, der uns kontrollierte und als Soldat in Ostdeutschland gewesen war, sprach recht gut deutsch. Die Uhr wurde eine Stunde vorgestellt.

Wir kamen erst spät in meiner Geburtsstadt an. Trotz der Dunkelheit erkannte ich die meisten Straßen, die wir durchfuhren, aus dem Gedächtnis. Obwohl die Küche in dem Hotel, das wir gebucht hatten, bald schloss, servierte man uns noch ein schmackhaftes warmes Abendessen. Das Personal nahm freundlicherweise auch Euro in Zahlung. Die russische Währung Rubel konnten wir an dem Abend nicht mehr eintauschen. Wir blieben vier Nächte in diesem Hotel.

Der dritte Reisetag war äußerst aufregend für mich. Ich sah mein früheres Zuhause wieder, in dem ich die ersten acht Jahre meines Lebens zugebracht hatte. Wir gingen vom Hotel aus zu Fuß zum ehemaligen Grundstück meiner Eltern. Die Straßen trugen neue, russische Namen in kyrillischer Schrift. Es zahlte sich aus, dass wir jahrelang Russischunterricht in der Schule gehabt hatten. Die kyrillischen Buchstaben bereiteten keine Schwierigkeiten, nur mit der Übersetzung haperte es ein wenig.

Auf unserem einstigen Grundstück stand kein Gebäude mehr. Wo einmal der Hof war, hatte man eine Gedenkstätte für gefallene auswärtige Soldaten errichtet, die mit einem Gedenkstein und Sitzbänken versehen war. Den parkähnlichen Rest der Grundstücksfläche durchquerten ungepflegte Fußwege. Die dickstämmigen Bäume, die dort wuchsen, wo früher der Garten war, kannte ich aus meiner Kinderzeit nicht. Sie hatten ja auch über sechs Jahrzehnte Zeit gehabt, sich zu entfalten.

Es fiel mir nicht schwer, in Gedanken auszumachen, wo sich ehedem die einzelnen Gebäude, der Hof, der Laubengang und der Garten befunden hatten. Ich war mir auch ziemlich sicher, wo ich als Baby öfter im Kinderwagen gestanden haben soll, wo die Sandkiste gewesen war, in der wir Kinder spielten, und an welcher Stelle im Garten wir meistens Kaffee tranken, wenn Gäste kamen.

Auf dem Grundstück war nichts mehr so wie früher. Die annähernd dreieckige Grundstücksfläche hatte man jedoch nicht verändert. Zwei der drei Straßen, die nach wie vor das Grundstück begrenzten, wiesen ohne Frage noch dasselbe Pflaster wie zu meiner Kindheit auf. Die dritte

Straße hatte sich verändert. Die Kleinbahn, die ich als Kind höchst interessiert durch den Gartenzaun beobachtete, fuhr nicht mehr. Ihre Schmalspurgleise hatte man aufgenommen. An dieser Seite des Grundstücks stand nun ein Buswartehäuschen.

Die Schule nebenan, in der meine Schulzeit startete, zeigte sich gut erhalten. Von unserem ehemaligen Grundstück aus gesehen, wirkte sie viel wuchtiger als früher, weil die Gebäude, die einmal die Sicht eingeschränkt hatten, nicht mehr da waren.

Vom einstigen Grundstück meiner Eltern gingen wir zum einstigen Grundstück meiner Großeltern, der Eltern meiner Mutter. Wir nahmen dieselben Straßen, die mein Bruder Winfried und ich benutzt hatten, wenn wir Oma und Opa besuchten. Das ansehnliche Eckhaus meiner Großeltern, das einmal die große Drogerie samt Fotogeschäft beherbergte, existierte nicht mehr. An seiner Stelle stand ein hässlicher, unverputzter Neubau eines Wohnblockes. In der näheren Umgebung sah man sonst noch größtenteils die alten Häuser.

Am Nachmittag machten wir mit dem Auto eine längere Rundfahrt durch die Stadt und ihre Vororte. Ich hatte einigermaßen den Stadtplan im Kopf und erinnerte mich noch recht gut an markante Örtlichkeiten. Die alten Straßenzüge hatte man in aller Regel belassen.

Den vierten Reisetag verwendeten wir für einen ganztägigen Ausflug in den Osten des russischen Teils Ostpreußens. Wir besuchten einige Sehenswürdigkeiten der Region. Ich kannte diese Gegend nur vom Hörensagen, sodass persönliche Erinnerungen fehlten. Die Rückfahrt unterbra-

chen wir im Geburtsort meiner Großmutter mütterlicher-
seits, der mir aus Familiendaten namentlich geläufig war
und den ich noch nie aufgesucht hatte. Wie anderenorts
auch, gab es dort kein intaktes Dorf mehr.

Der fünfte Reisetag erweckte wieder eigene Erinnerungen. Wir fuhren zu dem Bauernhof, von dem mein Vater
herstammte. Ich erinnerte mich nur dunkel an den Hof.
Als kleines Kind war ich des Öfteren dort gewesen, später
seltener. Anstelle des einstmaligen beeindruckenden Groß-
bauernhofes, eines Vierseitenhofes, fanden wir ein verwil-
dertes Gelände vor, das eingezäunt und unzugänglich war.
Vom früheren Gehöft stand nur noch das Wohnhaus, das
unterdessen baufällig geworden war.

Das russische Ehepaar, das darin wohnte, empfing uns
mit großzügiger russischer Gastfreundschaft und schenkte
uns zum Abschied sogar ein großes Glas Honig aus eigener Produktion. Den deutschen Namen des Ortsteils, in
dem der Hof lag, kannte niemand mehr.

Wir besichtigten außerdem den zugehörigen Hauptort,
in dem früher mehrere Verwandte von mir wohnten, an
den ich mich aber nicht mehr genau erinnern konnte. Auch
den nahegelegenen Geburtsort meines Vaters suchten wir
auf. Der Ort, der mir lediglich aus familiären Unterlagen
vertraut war, bestand jetzt nur noch aus wenigen Häusern.

Am sechsten Reisetag verließen wir meine Geburtsstadt. Bevor es losging, schloss ich meine ganz persönlichen Stadtspaziergänge ab. Ich ging noch einmal allein
durch die Straßen und Parkanlagen, an die ich mich besonders gern erinnerte. Alles was wir danach auf unserer Reise erlebten, hatte mit eigenen Erinnerungen nichts mehr zu

tun. Wir verfolgten einzig und allein die Absicht, möglichst viel über weitere Gegenden des russischen Teils des früheren Ostpreußen zu erfahren. Nach einem mehrstündigen Aufenthalt in Kaliningrad, dem früheren Königsberg, bezogen wir unser Hotel an der samländischen Ostseeküste, das wir für zwei Nächte gebucht hatten.

Den siebten Reisetag widmeten wir Sehenswürdigkeiten im Samland. Am achten Tag erkundeten wir zunächst den russischen Teil der Kurischen Nehrung, begannen dann unsere Heimfahrt über den westlichen der beiden russisch-polnischen Grenzübergänge und übernachteten hinter der Grenze im polnischen Teil des früheren Ostpreußen. Wir beobachteten, dass viele Polen einen regen kleinen Grenzverkehr mit vier- und zweirädrigen Kraftfahrzeugen veranstalteten, um auf der russischen Seite das deutlich billigere Benzin zu tanken.

Am neunten Reisetag zwang uns ein Auspuffdefekt, zuerst eine polnische Autowerkstatt aufzusuchen, in der man uns schnell und preisgünstig half. Dabei waren die Polnischkenntnisse meiner Frau viel wert. Anschließend trafen wir uns in Gdansk, dem früheren Danzig, mit Verwandten, die von einer Fahrt aus dem Baltikum zurückkehrten, und nahmen dort ein Hotel.

Am zehnten Reisetag fuhren wir nach Hause über die frühere Reichsstraße 1, die Ostpreußen einmal mit dem übrigen Deutschen Reich verband und die sich noch heute als Bundesstraße 1 in ganz Deutschland fortsetzt.

Vor und während unserer Reise in den russischen Teil des früheren Ostpreußen habe ich viel über Ostpreußen dazugelernt. Man muss die Tatsache zur Kenntnis nehmen, dass der Teil des früheren Ostpreußen, den wir in Augenschein nahmen, jetzt ein Teil Russlands ist.

Trifft man dort jemand, der ein wenig Deutsch spricht, war er entweder sowjetischer Besatzungssoldat nach dem Zweiten Weltkrieg in Ostdeutschland, oder er ist ein deutschstämmiger Umsiedler aus einem anderen Teil Russlands. Man sagte uns, dass es alteingesessene Deutsche im Kaliningrader Gebiet nicht mehr gäbe. Der russische Teil des früheren Ostpreußen ist für diejenigen, die heute dort leben, zur Heimat geworden. Für diejenigen, die bis Kriegsende dort lebten, wurde er zum fremden Land.

31
Die Rückschau

Im Folgenden werden die Lebenserinnerungen weniger nach Einzelthemen, sondern mehr mit Bezug auf allgemeine individuelle Besonderheiten zusammengefasst.

Wie schon der Titel dieser Memoiren zeigt, bin ich der Meinung, dass mein wichtigstes Merkmal darin bestand, ein Bauernkind zu sein. Das traf ganz schön lange zu, nämlich von 1945 bis 1989. Das Merkmal Bauernkind war damals in Ostdeutschland ein besonderer Vorteil oder ein Glücksfall oder gar eine Gnade der Geburt. Die marxistisch-leninistische Weltanschauung besagte, dass allein die Arbeiter und die werktätigen Bauern die gesellschaftliche Entwicklung voranbrächten, wobei man später allein den Genossenschaftsbauern die Funktion der werktätigen Bauern zuschrieb. Daraus ergab sich, Kindern von Arbeitern und Bauern die besten Bildungschancen einzuräumen.

Als ich 1936 zur Welt kam, war mein Vater ein Bauer ohne Land. Nach einer soliden Ausbildung in der Landwirtschaft hatte er jahrelang sehr erfolgreich als angestellter Gutsverwalter gearbeitet. Den Zweiten Weltkrieg erlebte er als Soldat an der Ostfront. Aus sowjetischer Gefangenschaft entlassen, wurde er bald Neubauer in der Sowjetischen Besatzungszone Deutschlands. Durch die Bodenreform besaß er nun eine eigenes Stück Land und ich einen Vater, der werktätiger Bauer war. Nachdem meine Eltern den Neubau eines Gehöftes vollbracht und fünfzehn Jahre lang selbstständig gearbeitet hatten, gaben sie schließlich dem staatlichen Kollektivierungsdruck nach. Mein Vater und meine Mutter gehörten von da an zu der sogenannten Klasse der Genossenschaftsbauern.

Ich bin überzeugt davon, dass meine bäuerliche Herkunft mir zu Vorteilen in Ausbildung und Beruf verhalf. Waren einzelne Personen aus einer Gruppe geeigneter Kandidaten auszuwählen, bemühte man sich, einen ausreichenden Anteil an Arbeiter- und Bauernkindern einzuhalten. Da stets weniger Bauernkinder als Arbeiterkinder zur Diskussion standen, hatten die Bauernkinder eine größere Chance ausgewählt zu werden als die Arbeiterkinder. Ich denke, dass mein Merkmal Bauernkind sowohl bei der Zulassung zur Oberschule und zum Medizinstudium als auch bei meiner Tätigkeit an der Hochschule eine Rolle spielte.

Neben dem Merkmal Bauernkind besaß ich noch ein zweites Merkmal gesellschaftspolitischer Art. Ich gehörte keiner Partei an, insbesondere nicht der Sozialistischen Einheitspartei Deutschlands. Diese Eigentümlichkeit war von Bedeutung in zeitlicher Parallele zum Merkmal Bauernkind und auch später noch. Sie kam zustande aufgrund eigener Entscheidung und nicht wie das Merkmal Bauernkind dank Herkunft.

Die Sozialistische Einheitspartei Deutschlands begriff sich nicht nur als eine Partei unter anderen Parteien, sondern beanspruchte das Wahrheits- und Machtmonopol für sich. Ihr allein deswegen beizutreten, um berufliche Aufstiegschancen abzusichern, erschien mir unredlich angesichts weltanschaulicher Diskrepanzen. Auf der anderen Seite besetzte man nicht alle Leitungspositionen auf unteren und mittleren Funktionsebenen mit Parteigenossen, was vielleicht missliebige Eindrücke im Ausland vermeiden sollte. Manchmal war im Rahmen eines Proporzes sogar ein Mindestanteil an Nicht-Genossen gefragt, zum Beispiel wenn es um die Besetzung von Leitungsgremien in Massenorganisationen ging.

Ein Kriegsflüchtling zu sein, war des Weiteren eine Besonderheit meines Lebens. Bis zum achten Lebensjahr wuchs ich in meiner ostpreußischen Geburtsstadt auf. Das Vertraute Hals über Kopf verlassen zu müssen, stellte für ein Kind eine große Belastung dar. Der frühe Fluchttermin, der familiär bedingt war, erwies sich später als vorteilhaft, da wir sonst womöglich in die Wirren der hinausgezögerten Evakuierung oder sogar unter feindlichen Beschuss geraten wären.

Wir verloren damals fast unser gesamtes Eigentum. Ich spürte das in der Schule, wenn im Vergleich zu meinen Mitschülern, die nicht hatten flüchten müssen, Mängel zu Tage traten. So fehlte mir zum Beispiel ein eigenes Fahrrad für den ersten Schulausflug.

Im Zusammenhang mit der Wiedervereinigung Deutschlands regelte man abschließend das Ostpreußen-Problem. Polen übernahm endgültig den südlichen Teil des früheren Ostpreußen. Die Russische Föderation erhielt endgültig den nördlichen Teil des früheren Ostpreußen, der sich in eine Exklave verwandelte, nachdem die ehemaligen baltischen Sowjetrepubliken souveräne Staaten geworden waren.

Ich stamme aus dem nördlichen Teil des früheren Ostpreußen. Eine private Autoreise führte mich 2012, viele Jahre nach meiner Flucht, an die Stätten meiner Kindheit zurück. Ich freute mich, vieles zu sehen, an das ich mich erinnern konnte oder von dem ich als Kind gehört hatte. Trotzdem fühlte ich mich als ein Fremder in dem jetzt unstreitig russischen Gebiet. Die Reise, ihre gründliche Vorbereitung eingeschlossen, war für mich ein Stück Vergangenheitsbewältigung. Ich weiß nun, wie meine frühere ostpreußische Heimat heute aussieht, und habe zu ihr Abstand gewonnen.

Eine glückliche Besonderheit meines Lebens ist meine Frau Ursula. Es ist wohl so, dass ein Mann in seinem Leben meistens nur einer einzigen Frau begegnet, die genau zu ihm passt. Vielleicht sind es auch mehrere Frauen, auf keinen Fall viele. Als ich Ursula traf, wusste ich binnen Kurzem, sie ist es. Wir harmonierten charakterlich und auch in puncto Herkunft und Beruf. Wir gründeten eine Familie und mögen uns immer noch. In unseren Ansichten stimmen wir recht gut überein, zum Beispiel hinsichtlich der Einrichtung unserer Wohnung, der Gestaltung des Gartens, den wir hatten, oder der Urlaubsplanung.

Ursula widmete sich mit großem Einsatz der Familie. Sie nahm eine berufliche Auszeit, solange unsere beiden Kinder klein waren. Während und nach meiner schweren Krankheit kümmerte sie sich rührend um mich, obwohl sie selbst nicht gesund war. Der Ruhestand, in dem wir uns nun befinden, stellt uns vor die Herausforderung, soviel

Zeit wie noch nie auf begrenztem Raum miteinander zu verbringen.

Meine Schulzeit verlief einigermaßen lückenlos, wenngleich ich an drei verschiedenen Orten und unter vier verschiedenen politischen Systemen zur Schule ging. Das Abitur legte ich ab, noch bevor die Deutsche Demokratische Republik gegründet wurde. Das Medizinstudium absolvierte ich an zwei Hochschulen ohne Zeitverlust. Ich bin ein wenig stolz darauf, dass ich bereits mit 23 Jahren das medizinische Staatsexamen abschloss und mit 24 Jahren approbierter und promovierter Arzt war.

Das ließ sich nur mit einer zwölfjährigen Schulzeit schaffen, sodass ich die Wiedereinführung des dreizehnten Schuljahres in manchen Bundesländern mit Skepsis betrachte.

In der ärztlichen Weiterbildung entschied ich mich früh für das Fach Klinische Pharmakologie, das sich gerade entwickelte. Mein ursprüngliches Vorhaben, die neue Spezialisierung von klinischer Seite aus anzugehen, zerschlug sich. Immerhin gelang es mir, die Weiterbildung zum Facharzt für Innere Medizin zu vollenden. Eine zeitweilige Rückorientierung auf die experimentelle Pharmakologie war nicht zu umgehen. Ich gehörte zu den ersten Ärzten in Deutschland, die sich ernsthaft mit Fragen der Klinischen Pharmakologie auseinandersetzten.

An der hiesigen Universität war ich der erste Hochschullehrer, der für das Fachgebiet Klinische Pharmakologie berufen wurde. Stellte man mir die hypothetische Frage, ob ich mich wieder für das Studium der Medizin und wieder für das Fach Klinische Pharmakologie entschiede, gäbe es ein zweifaches klares Ja.

Wer nach dem Zweiten Weltkrieg in dem geschrumpften Ostdeutschland wohnte, hatte zwei Möglichkeiten. Man konnte nach Westdeutschland „abhauen", wie der Volksmund es nannte, oder nicht. Das Risiko, beim Abhauen erwischt zu werden, nahm zu und war nach dem Bau der Berliner Mauer, der 1961 alle überraschte, extrem hoch. Die meisten Ostdeutschen blieben da. Meine Eltern auch, da sie sich eine neue Existenz aufbauten, endlich eigenes Land besaßen, eine große Familie hatten und gute Ausbildungsmöglichkeiten für ihre Kinder sahen.

Unter den Ostdeutschen, die sich nicht nach dem Westen abgesetzt hatten, gab es welche, die das Gesellschaftssystem, das in der Sowjetischen Besatzungszone Deutschlands und später in der Deutschen Demokratischen Republik etabliert war, eifrig unterstützten, entweder aus Überzeugung oder aus Gründen der Karriere. Abgesehen von den vergleichsweise wenigen aktiven Regimegegnern wollte der Rest der Ostdeutschen unter den gegebenen Bedingungen lediglich das Beste aus seinem Leben machen. Meine Familie gehörte zu diesem Rest.

Der loyale ostdeutsche Bürger arbeitete in seinem Beruf und daneben auch gesellschaftlich, wie es hieß, zum Beispiel in Massenorganisationen und in Elternvertretungen. Er fand sich damit ab, dass ihm die obersten Stufen in der Karriere versagt blieben. Er wusste, dass der allgegenwärtige Staatssicherheitsdienst ihn heimlich kontrollierte, wenn er eine verantwortliche berufliche Position innehatte, ließ sich aber für gewöhnlich dadurch nicht einschüchtern.

Nach wie vor stehe ich zu meiner seinerzeitigen Entscheidung, nach dem Bau der Berliner Mauer von einer privaten Besuchsreise aus Westdeutschland zurückzukehren, um die Ausbildungschancen meiner vier Geschwister nicht zu gefährden.

In meinem Leben war ich Zeuge des Endes des Zweiten Weltkrieges und des Endes des Naziregimes in Deutschland, des Aufbaus, des Niedergangs und des Endes des kommunistischen Regimes in Ostdeutschland und zuletzt auch Zeuge der Wiedervereinigung Deutschlands. Die Sowjetische Besatzungszone Deutschlands und die spätere Deutsche Demokratische Republik erlebte ich in voller zeitlicher Länge. Normalerweise verteilen sich solch ausgesprochen historische Ereignisse auf mehrere Lebensgeschichten.

Die deutsche Wiedervereinigung liegt nun auch schon wieder mehr als ein Vierteljahrhundert zurück. Wir Ostdeutschen freuen uns besonders über die Freiheit, die wir gewonnen haben und die wir zum Beispiel zu Auslandsreisen nutzen können, die bisher undenkbar waren. Die enormen Anstrengungen, die uns die Angleichung an das westdeutsche Gesellschaftssystem abverlangte, liegen wohl größtenteils hinter uns. Manche generellen Schwierigkeiten und Einzelprobleme, die das Zusammenwachsen unterschiedlicher Gesellschaftssysteme mit sich bringt, hatte man anfangs offensichtlich unterschätzt. Der Prozess der Wiedervereinigung Deutschlands findet wahrscheinlich erst ein Ende, wenn in Deutschland nur noch Menschen leben, die nach der Wende geboren wurden.

Der Anhang

Im Unterschied zu erfundenen Geschichten kommen in Lebenserinnerungen Personen vor, die es wirklich gab oder gibt. Die ausgewählten privaten Fotoaufnahmen, die im Folgenden wiedergegeben sind, ergänzen den vorliegenden Text.

Mein Großvater August ist der Vater meines Vaters Walter (1935)

Meine Großmutter Bertha ist die Mutter meines Vaters Walter (1930)

Meine Großmutter Berta und mein Großvater Georg sind die Eltern meiner Mutter Ella (1961)

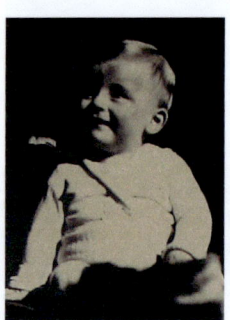

Ich bin 1 Jahr alt (1937)

Mein Vater Walter und meine Mutter Ella mit mir, als ich 4 Jahre alt war (1940)

Mein Vater Walter (1964)   Meine Mutter Ella (1966)

Meine Frau Ursula und ich
(1968)

Agnes und Ernst sind die Eltern
meiner Frau Ursula (1940)

Cordula und Markus sind unsere Kinder (1973)

Meine Frau Ursula und ich (2018)